建筑技术工人（动漫）系列教材

门 窗 工

杨卫东 主编

中国财经出版传媒集团
中国财政经济出版社

图书在版编目（CIP）数据

门窗工／杨卫东主编．—北京：中国财政经济出版社，2019.5

建筑技术工人（动漫）系列教材

ISBN 978－7－5095－7004－3

Ⅰ．①门…　Ⅱ．①杨…　Ⅲ．①门－建筑安装－技术培训－教材 ②窗－建筑安装－技术培训－教材　Ⅳ．①TU759.4

中国版本图书馆CIP数据核字（2016）第239757号

责任编辑：刘瑞思　　　　责任校对：刘　靖

封面设计：北京兰卡绘世　　　　版式设计：董生平

中国财政经济出版社出版

URL：http：//www.cfeph.cn

E－mail：cfeph@cfeph.cn

社址：北京市海淀区阜成路甲28号　邮政编码：100142

营销中心电话：010－88191537

北京财经印刷厂印刷　各地新华书店经销

787×1092毫米　16开　9.5印张　110 000字

2019年5月第1版　2019年5月北京第1次印刷

定价：27.00元

ISBN 978－7－5095－7004－3/TU・0046

开篇的话

建筑业是国民经济的支柱产业，为国家经济发展和社会进步提供坚实的物质技术基础。从这个意义上讲，建设工程质量在一定程度上决定着国民经济发展的质量和效益，而工程质量的优劣取决于施工一线操作工人的技能和水平，尤其是建筑工匠的规模和素质。

我国建筑产业工人是一个很特殊的社会群体，它是产生建筑工匠的摇篮。伴随着改革开放和城镇化的大潮，农村富余劳动力转移进城，一展自己的手工技艺。一个人走出来，一群人走出来；一代人走出来，两代人走出来，为社会默默无闻地奉献。在中国 960 万平方公里的土地上、在所有城镇的建设工地中，几乎都有农民工的身影。他们是我国经济发展、社会进步的拓荒者——在空旷的荒野上鳞次栉比的高楼大厦拔地而起，而自己却栖息在简陋的工棚中；他们是现代建筑知识大厦的攀登者——高大新奇的智能化、信息化建筑日新月异，建筑农民工成了知识贫乏的代名词和游离于城市与乡村的边缘者；他们在法规建设、管理经验、安全措施、技术手段等还不十分健全的行业里，蘸着汗水和鲜血写就了安全与质量的无字教材；他们中绝大多数只有小学、初中学历，却过早地担负起家庭和社会的重任；他们承载传统、恪守道义，称得上是中国建设事业的钢筋铁骨！

这个特殊的群体，他们渴求知识和文化，这是转化为大国工匠和城市市民的必要准备，也是融入都市社会的必经之路。建筑技术工人（动漫）系列教材正是在这种背景下应运而生。这套丛书的出版不仅填补了我国建筑业技术施工人员培训发展史上的空白，而且也是我国传统产业工人培训教育的一个伟大创举。它对于推动建筑工人产业化、职业化，对于壮大中国建筑工匠队伍将产生重大影响，在中国建筑业和工程建设史上具有里程碑意义。

鉴于此，我希望将此套丛书推荐给业界同仁学习和参考，特别推荐给建筑产业工人培训机构、施工企业和中高等技术专科学校的学生使用和参考。

姚兵

2019 年 5 月

序

建筑业是国民经济的支柱产业之一，建筑业的发展变化不仅将带动和影响着相关的五十多个行业的发展变化，而且也直接影响到国民经济的起伏波动，因而建筑业素有国民经济的“晴雨表”之说。

目前我国建筑业从业人员有5000万之众，其中80%～90%来源于农村剩余劳动力转移而形成的建筑农民工。这支庞大的建筑施工队伍要支撑每年数十万亿元的固定资产投资项目，为国民经济发展提供了坚实的物质技术基础。建设工程百年大计，质量第一，为了确保工程施工质量和安全，提高建筑施工人员的综合素质和操作技能势在必行、刻不容缓。

为了打造一支作风顽强、技术高超的职业化的建筑产业大军，我们组织相关协会/学会、高等院校、科研院所和企业的专家学者共同编写了这套以动漫为特征、多种媒体为手段的建筑技术工人（动漫）系列教材。该套教材分为砌筑工、石工、混凝土工、钢筋工、架子工、防水工、机械设备安装工、电气设备安装工、高空作业操作工、管工、木工、油漆工、抹灰工、镶贴工、门窗工、幕墙工、模板工、电工、焊工、起重工、爆破工、测量工、古建筑、桩机操作工、除尘工、工程安全事故案例解析、工程质量事故案例解析和法律法规选编等28册。

本套教材适用于从事建筑施工中等以上技术工人岗位培训，同时也可作为中、高等建筑专业技术学校的学生参考用书。

本套丛书有配套的网络增值服务，可以通过扫描封底的二维码关注。

由于编者水平有限，疏漏之处在所难免，敬请读者批评指正。

编委会

2019年5月

前言

随着建筑业发展的日臻完善成熟，建筑行业正面临高质量、高标准的严格要求，但行业内部仍存在从业人员整体专业素质不高、建设工程质量不容乐观、安全事故频发等问题。针对这些问题，我们组织编写了“建筑技术工人（动漫）系列教材”，以提高施工现场作业人员的专业素质和水平，增强其安全生产意识，为我国建设工程施工质量与安全提供重要保障。

本书针对建筑门窗工应知应会的内容，结合现行的法规、技术规程、施工工艺、操作流程等来编写。本书从施工准备、施工、验收、维修保养、常见质量问题和安全生产等几个方面对建筑门窗工程进行了全面的总结和论述，系统介绍了建筑门窗工程所用材料、工器具、安装操作工艺、成品保护措施、验收标准、维修保养方法、常见质量问题及其防治措施、安全生产措施。在编写过程中，编者充分考虑读者对象的知识水平和结构，对繁杂的内容进行了精心筛选与梳理，并对复杂的操作过程采用图文对照的方式进行说明。本书不仅条理清晰、内容通俗易懂，而且应用性和可操作性强。本书可供建筑门窗工、施工现场管理人员以及相关行业者学习和参考。

本书由上海同济工程咨询有限公司杨卫东主编，参与编写的人员包括敖永杰、房放、宫鹤、侯庆信、崔宝琦等，在此一并致谢。

由于编者水平有限，书中难免会有错误和疏漏之处，恳请读者予以批评、指正。

编者

2019 年 5 月

目录

门窗工程是建筑物的重要组成部分。门窗面积占整个建筑面积的1/4左右，占建筑总造价的15%左右。从功能来讲，门是人们进出建筑物的通道，窗是室内采光通风的主要洞口，因此门窗是建筑工程的重要组成部分，也是建筑装饰工程中的重点。

作为建筑围护结构的可启闭部分，门窗对建筑物的采光、通风、保湿、节能和使用安全等诸多方面具有重要意义。同时，门窗又是室内建筑造型的重要组成元素之一，其设置显著地影响建筑物的形象特征，对建筑物的内、外装饰也有很大的影响，所以，门窗的造型、色彩、材质对整个建筑物的设计有十分重要的作用。同时，门窗构造还是建筑节能、防火、隔声、保安等必须考虑的关键问题。因此，门窗的装饰工程是建筑装饰工程中不可或缺的重要组成部分。

1 准备阶段

1.1 门窗材料的分类及性能

根据不同场合和功能的需要，在建筑工程中所设置的门窗是各种各样的，因此对门窗的分类方法也有多种。在一般情况下，既可以对门窗进行总体分类，也可以对门窗进行具体分类。

按不同功能分类，可以分为普通门窗、保温门窗、隔声门窗、防火门窗、防爆门窗、装饰门窗、安全门窗等；按不同结构分类，可以分为推拉门窗、平开门窗、弹簧门窗、旋转门窗、折叠门窗、卷帘门窗、自动门窗等。为便于实际建筑施工操作培训，在这里按不同材质进行分类，可以分为木门窗、金属门窗、塑料门窗、特种门窗四大类型。

1.1.1 木门窗

木门窗一般是选用符合标准要求的木材经过一定的干燥处理后，由机械加工或手工加工制成，可分为普通木门窗和高级木门窗。

1. 木材

（1）木材选用要求。门窗用材应选择木质较好，无腐朽，不潮湿，无扭曲变形的材料。所用木材品种、材质等级、规格、尺寸、框扇的线型应符合设计要求。材料不能有天然的弊病，例如虫眼、疤结、裂纹、断纹等。普通木门窗的材质一般较软一些，常用的木材主要有红松木、杉木、泡桐木、水曲柳、柚木等。高级木门窗的框料一般应选用材质坚硬、不易开裂和变形的阔叶树种，如水曲柳、柏木等。

（2）木材含水率要求。门窗用木材的含水率应符合表 1－1 的规定。

表 1－1　木门窗用木材的含水率　单位：%

零部件名称		高　级	普　通
门窗框	针叶材	≤14	≤14
	阔叶材	≤12	≤14
拼接零件		≤10	≤10
门扇及其余零部件		≤10	≤12

（3）木门窗材质要求。

① 普通木门窗用木材的质量应符合表 1－2 的规定。

表 1－2　　普通木门窗用木材的质量

<table>
<tr><th colspan="2">木材缺陷</th><th>门窗扇的立梃、冒头，中冒头</th><th>窗棂、压条、门窗及气窗的线脚，通风窗立梃</th><th>门芯板</th><th>门窗框</th></tr>
<tr><td rowspan="3">活节</td><td>不计个数直径/mm</td><td><15</td><td><5</td><td><15</td><td><15</td></tr>
<tr><td>计算个数直径</td><td>≤材宽的 1/3</td><td>≤材宽的 1/3</td><td>≤30mm</td><td>≤材宽的 1/3</td></tr>
<tr><td>任意 1 延米个数</td><td>≤3</td><td>≤2</td><td>≤3</td><td>≤5</td></tr>
<tr><td colspan="2">死　节</td><td>允许，计入活节总数</td><td>不允许</td><td colspan="2">允许，计入活节总数</td></tr>
<tr><td colspan="2">髓　心</td><td>不露出表面的，允许</td><td>不允许</td><td colspan="2">不露出表面的，允许</td></tr>
<tr><td colspan="2">裂　缝</td><td>深度及长度不大于厚度及材长的 1/5</td><td>不允许</td><td>允许可见裂缝</td><td>深度及长度不大于厚度及材长的 1/4</td></tr>
<tr><td colspan="2">斜纹的斜率（%）</td><td>≤7</td><td>≤5</td><td>不限</td><td>≤12</td></tr>
<tr><td colspan="2">油　眼</td><td colspan="4">非正面，允许</td></tr>
<tr><td colspan="2">其　他</td><td colspan="4">浪形纹理、圆形纹理、偏心及化学变色，允许</td></tr>
</table>

②高级木门窗用木材的质量应符合表 1－3 的规定。

2. 人造板

人造板包括硬质纤维板、中密度纤维板、胶合板、刨花板等，都应符合相应国家标准及设计要求。

（1）各等级木门窗用人造板的等级应符合表 1－4 的规定。

表 1－3　　高级木门窗用木材的质量

<table>
<tr><th colspan="2">木材缺陷</th><th>门窗扇的立梃、冒头，中冒头</th><th>窗棂、压条、门窗及气窗的线脚，通风窗立梃</th><th>门芯板</th><th>门窗框</th></tr>
<tr><td rowspan="3">活节</td><td>不计个数直径/mm</td><td><10</td><td><5</td><td><10</td><td><10</td></tr>
<tr><td>计算个数直径</td><td>≤材宽的 1/4</td><td>≤材宽的 1/4</td><td>≤20mm</td><td>≤材宽的 1/3</td></tr>
<tr><td>任意 1 延米个数</td><td>≤2</td><td>≤0</td><td>≤2</td><td>≤3</td></tr>
<tr><td colspan="2">死　节</td><td>允许，计入活节总数</td><td>不允许</td><td colspan="2">允许，计入活节总数</td></tr>
<tr><td colspan="2">髓　心</td><td>不露出表面的，允许</td><td>不允许</td><td colspan="2">不露出表面的，允许</td></tr>
<tr><td colspan="2">裂　缝</td><td>深度及长度不大于厚度及材长的 1/6</td><td>不允许</td><td>允许可见裂缝</td><td>深度及长度不大于厚度及材长的 1/5</td></tr>
<tr><td colspan="2">斜纹的斜率（%）</td><td>≤6</td><td>≤4</td><td>≤15</td><td>≤10</td></tr>
<tr><td colspan="2">油　眼</td><td colspan="4">非正面，允许</td></tr>
<tr><td colspan="2">其　他</td><td colspan="4">浪形纹理、圆形纹理、偏心及化学变色，允许</td></tr>
</table>

表 1－4　　木门窗用人造板的等级

材料名称	高　级	普　通
胶合板	特、1	3
硬质纤维板	特、1	3
中密度纤维板	优、1	合格
刨花板	A 类优、1	A 类 2 及 B 类

（2）各种人造板及其制品中甲醛释放量试验方法及限量值应符合表 1－5 的规定。

表1－5　人造板及其制品中甲醛释放量试验方法及限量值

产品名称	试验方法	限量值	使用范围	限量标志
中密度纤维板、高密度纤维板、刨花板、定向刨花板	穿孔萃取法	≤9mg/100g	可直接用于室内	E1
		≤30mg/100g	必须饰面处理后可允许用于室内	E2
胶合板、装饰单板贴面胶合板、细木工板等	干燥器法	≤1.5mg/100L	可直接用于室内	E1
		≤5.0mg/100L	必须饰面处理后可允许用于室内	E2

3. 木门窗成品

（1）木门窗成品的尺寸允许偏差。木门窗成品的尺寸允许偏差应符合表1－6的规定。

表1－6　木门窗成品的尺寸允许偏差　单位：mm

成品名称	Ⅰ（高）级			Ⅱ（中）级、Ⅲ（普）级			备　注
	高	宽	厚	高	宽	厚	
木门窗框	±2	±2 －1	±1	±2	±2	±1	以里口尺寸计算
木门扇（含装木围条的夹板门扇）	+2 －1	+2 －1	±1	±2	±2 －1	±1	以外口尺寸计算
木窗扇、亮窗扇	±2 －1	±2 －1	±1	±2	±2 －1	±1	以外口尺寸计算
用于人造板门的木门框及人造板门框	+2 0	+1 0	±1	+2 0	+1 0	±1	以里口尺寸计算
人造板门扇	0 －1	0 －1	0 －1	0 －1	0 －1	0 －1	以外口尺寸计算

说明：

（1）表中的人造板门仅指用薄木、浸渍纸、PVC 薄膜等装饰材料封边的夹板门及模压门。

（2）高度超过2 500mm 的厂房木门扇，高度和宽度允许偏差可放宽至±5mm。

（2）木门窗成品的形位公差。木门窗成品的形位公差应符合表1－7的规定。

表1－7　　木门窗成品的形位公差

项　目	门窗框		门　扇		窗　扇		落叶松门窗框	落叶松门窗扇
	Ⅰ（高）级	Ⅱ（中）级 Ⅲ（普）级	Ⅰ（高）级	Ⅱ（中）级 Ⅲ（普）级	Ⅰ（高）级	Ⅱ（中）级 Ⅲ（普）级	Ⅱ（中）级 Ⅲ（普）级	Ⅱ（中）级 Ⅲ（普）级
顺弯（‰）	≤1.0	≤1.5	≤1.5	≤2.0	≤1.5	≤1.5	≤2.0	≤3.0
扭曲(皮楞)/mm	≤2.0	≤3.0	≤2.5	≤2.5	≤2.0	≤2.0	≤5.0	≤3.0
对角线差/mm	≤2.0	≤2.0	≤1.5	≤2.0	≤1.5	≤2.0	≤2.5	≤2.0

说明：门框与窗框连接在一起的应分别计算形位公差。

（3）木门窗成品物理性能要求。

①建筑外门。建筑外门的物理性能见表1－8。

表1－8　　建筑外门的物理性能

项　目	抗风压变形性能	空气渗透、雨水渗漏性能	保温性能	空气声隔声性能
允许等级	≥Ⅲ （GB/T7106－2008）	空气渗透不小于Ⅱ 雨水渗漏不小于Ⅲ （GB/T7106－2008）	≥Ⅴ （GB/T8484－2008）	≥Ⅵ （GB/T8485－2008）

说明：表中括号内为所采用的相关标准。

②建筑外窗。建筑外窗的物理性能见表1－9。

表1－9　　建筑外窗的物理性能

项目	抗风压变形性能	空气渗透性	雨水渗漏性能	保温性能	空气声隔声性能
允许等级	≥Ⅲ （GB/T7106－2008）	≥Ⅱ （GB/T7106－2008）	≥Ⅲ （GB/T7106－2008）	≥Ⅴ （GB/T8484－2008）	≥Ⅵ （GB/T8485－2008）

说明：表中括号内为所采用的相关标准。

（4）木门窗成品的力学性能要求。

①各种薄木贴面的人造板或单板贴皮零件、部件，其表面胶合强度均不得低于0.40Mpa。浸渍剥离试验，试件每一边剥离长度均不得超过25mm。

②所有胶拼件的胶缝（纵向）的顺纹抗剪强度，硬杂木不应低于6.9N/mm^2，软杂木不应低于4.9N/mm^2。

③各类木门应具有足够的整体强度。按规定进行沙袋撞击试验后，仍应保持良好的完整性。

1.1.2 金属门窗

建筑装饰门窗工程中常见的金属门窗有钢门窗、各种系列铝合金门窗和涂层镀锌钢板门窗等。

1. 钢门窗

根据钢门窗结构的不同，分为实腹式钢门窗和空腹式钢门窗两种。由于实腹式钢门窗具有自重较大、耗材较多、不能节能、易于锈蚀等缺点，2006年7月1日起我国已明文规定停止使用。以下仅对空腹式钢门窗进行介绍。

空腹式钢门窗的制作材料一般选用普通碳素结构钢，即普通碳素钢，对含碳量、性能范围、磷、硫和其他残余元素含量的限制较宽。

门框材料宜采用高频焊接钢管，门板一般采用厚度1mm的冷轧冲压槽型钢板；钢窗一般采用厚度为1.2mm的带钢，高频焊接轧制而成。材料的钢号、化学成分、产品加工质量、五金配件质量及装配效果等，均应满足现行的有关规定。

玻璃一般采用3mm厚的净片玻璃，高于1 100mm的大玻璃应该采用5mm厚的净片玻璃。纱门窗一般应采用孔径为1.25mm的金属纱。钢门窗的涂料采用红丹酚醛防锈漆，密封条为橡胶制品。

固定玻璃用的油灰，应采用配合比（质量份）为：胡麻子油∶桐

油：石膏粉 = 20 : 60 : 20 配制的油灰膏或者其他优质油灰膏。

2. 铝合金门窗

铝合金门窗是将表面处理过的铝合金型材，经下料、打孔、铣槽、攻丝、制作等加工工艺制成的门窗框料构件，再用连接杆、密封材料和开闭五金配件一起组合装配而成。

（1）材料。

①铝合金型材。外门窗框、扇、拼樘框等主要受力杆件所用主型材壁厚应经设计计算或试验确定。主型材截面主要受力部位基材最小实测壁厚为：外门不应低于 2.0mm；外窗不应低于 1.4mm。

有装配要求的型材，尺寸偏差应选用《铝合金建筑型材》“第 1 部分基材”（GB5237.1 – 2008）规定的高精级或超高精级。

铝合金型材表面处理层厚度要求应符合表 1 – 10 的规定。

表 1 – 10　　铝合金型材表面处理层厚度要求

品　种	阳极氧化阳极氧化加电解着色阳极氧化加有机着色	电泳涂漆		粉末喷涂	氟碳漆喷涂
表面处理层厚度	厚度级别	膜厚级别		装饰面上涂层最小局部厚度/μm	装饰面平均膜厚/μm
	AA15	B（有光或亚光透明漆）	S（有光或亚光有色漆）	≥40	≥30（二涂） ≥40（三涂）

②钢材。铝合金门窗所用钢材宜采用奥氏体不锈钢材料。采用其他黑色金属材料时，应根据使用需要，采取热浸镀锌、锌电镀、黑色氧化、刷防锈涂料等防腐处理。

③玻璃。铝门窗玻璃应采用符合《平板玻璃》（GB11614 –

2009）规定的建筑级浮法玻璃或以其为原片的各种加工玻璃。玻璃的品种、厚度和最大许用面积应符合《建筑玻璃应用技术规程》（JGJ113－2009）的有关规定。

④密封及弹性材料。铝门窗玻璃镶嵌、杆件连接及附件装配所用密封胶应与所接触的各种材料相容，并与所需粘接的基材粘接。隐框窗用的硅酮结构密封胶应与所接触的各种材料、附件具有相容性，与所需粘接基材具有粘接性。

玻璃支承块、定位块等弹性材料应符合《建筑玻璃应用技术规程》（JGJ113－2009）中玻璃安装材料的有关规定。

⑤五金配件。铝门窗框扇连接、锁固用功能性五金配件应满足整樘门窗承载能力的要求，其反复启闭性能应满足门窗反复启闭性能要求。

⑥紧固件。铝门窗组装机械连接应采用不锈钢紧固件，不应使用铝及铝合金抽芯铆钉作门窗受力连接用紧固件。

（2）外观。

①铝合金门窗产品表面不应有铝屑、毛刺、油污或其他污迹；密封胶缝应连续、平滑，连接处不应有外溢的胶粘剂；密封胶条应安装到位，四角应镶嵌可靠，不应有脱开的现象。

②门窗框扇铝合金型材表面没有明显的色差、凹凸不平、划伤、擦伤、碰伤等缺陷。在一个玻璃分格内，铝合金型材表面擦伤、划伤程度应符合表1－11的规定。

表1－11　　门窗框扇铝合金型材表面擦伤、划伤要求

项　目	要　求	
	室外侧	室内侧
擦伤、划伤深度	不大于表面处理层厚度	
擦伤总面积/mm^2	≤500	≤300
划伤总长度/mm	≤150	≤100
擦伤和划伤处数	≤4	≤3

(3) 尺寸。

①规格。

A. 单樘门窗。单樘门窗的宽、高尺寸规格，应根据门窗洞口宽、高标志尺寸和构造尺寸，按照实际应用的门窗洞口装饰面材料厚度、附框和安装缝隙尺寸确定。设计应优先采用基本门窗。

B. 组合门窗。由两樘或两樘以上的单樘门窗，采用拼樘框连接组合的门窗，其宽、高构造尺寸应与《建筑门窗洞口尺寸系列》(GB/T5824－2008) 规定的洞口宽、高标志尺寸相协调。

②门窗及装配尺寸。

A. 门窗及框扇装配尺寸偏差。门窗尺寸及形状允许偏差和框扇组装尺寸允许偏差应符合表1－12的规定。

表1－12　　门窗及装配尺寸偏差　　单位：mm

项　目	尺寸范围	允许偏差	
		门	窗
门窗宽度、高度构造内侧尺寸	<2 000	±1.5	
	≥2 000，<3 500	±2.0	
	≥3 500	±2.5	
门窗宽度、高度构造内侧尺寸对边尺寸之差	<2 000	≤2.0	
	≥2 000，<3500	≤3.0	
	≥3 500	≤4.0	
门窗框与扇搭接宽度	—	±2.0	±1.0
框、扇杆件接缝高低差	相同截面型材	≤0.3	
	不同截面型材	≤0.5	
框、扇杆件装配间隙	—	≤0.3	

B. 玻璃镶嵌构造尺寸。门窗框、扇玻璃镶嵌构造尺寸应符合《建筑玻璃应用技术规程》(JGJ113－2009) 规定的玻璃最小安装尺寸要求。

C. 隐框窗玻璃结构粘接装配尺寸。隐框窗扇梃与硅酮结构密封胶的粘接宽度、厚度应符合设计要求。每个开启窗扇下梃处宜设置两个承受玻璃重力的铝合金或不锈钢托条，其厚度不应小于2mm，长度不应小于50mm。

③装配质量。

A. 门窗框、扇杆件连接牢固，装配间隙应进行有效的密封，紧固件就位平正，并进行密封处理。

B. 门窗附件安装牢固，开启扇五金配件运转灵活，无卡滞。紧固件就位平正，并进行密封处理。

④构造。

A. 门窗框、扇杆件的连接构造可靠，人接触的部位应平整，具有使用的安全性。

B. 门窗附件的安装连接构造可靠，并具有更换和维修的方便性。长期承受荷载和门窗反复启闭作用的五金配件，其本身构造应便于其易损零件的更换。

3. 涂层镀锌钢板门窗

（1）涂层镀锌钢板门窗用型材要求。

①材料。

A. 彩板型材所用材料应为建筑外用彩色涂层钢板，板厚为0.7～1.0mm。性能应符合《彩色涂层钢板及钢带》（GB/T12754－2006）的规定，基材类型为热浸镀锌平整钢带。其室温力学性能及热浸镀锌量应符合表1－13的规定。

表1－13　　彩色涂层钢板室温力学性能及热浸镀锌量

材　质	抗拉强度 σ_b/MPa	屈服强度 $\sigma_{0.2}$/MPa	伸长率 δ（%）	双面镀锌量 /（g/m^2）
优质碳素钢	300～400	230～330	28～32	180～200

B. 涂层种类。底漆为环氧树脂漆或具有相同性能指标的其他涂料，面漆为外用聚酯漆或具有相同性能指标的其他涂料。正表面

应至少为两涂两烘，背面应至少一涂一烘。

C. 彩色涂层性能应符合表1－14的要求。

表1－14　　彩色涂层性能要求

项目	涂层厚度/μm	铅笔硬度	弯　曲 180°/T	反向冲击/J		耐盐雾时间/h
				板　厚 δ≤0.8mm	板　厚 0.8mm＜δ≤0.8mm	
性能指标	≥20	≥HB	3	≥6	≥9	≥500

D. 表面质量。彩板表面不应有气泡、龟裂、漏涂及颜色不均等缺陷。

②型材外观质量。

A. 颜色。彩板型材色泽应均匀一致。配套型材应使用同一企业生产的彩板钢带。

B. 装饰表面及变形角边缘。轧制后的彩板型材装饰表面及变形角边缘应平整光滑，不应有明显的机械划伤、涂层龟裂、脱漆等现象。每支型材（6 000mm）装饰表面局部缺陷应符合表1－15的规定。变形角边缘涂层用胶带检测不应脱落。

表1－15　　装饰表面局部缺陷要求

局部缺陷名称	局部缺陷要求
机械划伤深度/μm	＜20
机械划伤总长度/mm	＜100
涂层龟裂总长度/mm	＜300
涂层脱落总面积/mm^2	＜150

C. 轧制前应按工艺要求在彩板钢带上粘贴保护膜，粘贴时不应起皱，连接处不应有空隙。保护膜应满足使用要求。

D. 咬口。彩板型材咬口应牢固，无缝隙，咬口处变形到位，不应有松动及错位。齿形咬合位置应均匀，咬合深度1mm＜h＜2mm。

（2）涂色镀锌钢板门窗选用。

①涂色镀锌钢板门窗的外形尺寸。涂色镀锌钢板门窗的外形尺寸允许偏差应符合表1－16的要求。

表1－16　　涂色镀锌钢板门窗外形尺寸允许偏差

序号	项　目	允许偏差/mm		
		Ⅰ级	Ⅱ级	
1	门窗的高H、宽B	≤1 500	+2.0 －1.0	+2.5 －1.0
		>1 500	+3.0 －1.0	+3.5 －1.0
2	门窗的两对角线长度L	≤2 000	≤4.0	≤5.0
		>2 000	≤5.0	≤6.0
3	平开门窗框与扇、梃与扇的搭接量	≥8	±2.0	±3.0
		≥6且<8	±1.5	±2.5
4	门、窗框、扇四角处交角缝隙	≤0.5		
5	门、窗框、扇四角处交角同一面高低差	≤0.3		
6	平开窗分格尺寸	±2.0		

②涂色镀锌钢板门窗连接与外观。

A. 门框、窗框、扇四角处交角缝隙不应大于0.5mm，平开门窗缝隙处用密封膏密封严密，不应出现透光。

B. 门框、窗框、扇四角处交角同一平面高低差不应大于0.3mm。

C. 门框、窗框、扇四角组装牢固，不应有松动、锤击、破裂及加工变形等缺陷。

D. 门窗各种零附件位置应准确，安装牢固；门窗启闭灵活，不应有阻滞、回弹等缺陷，并应满足使用功能。

E. 平开窗分格尺寸允许偏差为±2mm。

F. 门窗装饰表面涂层不应有明显脱漆、裂纹。

G. 门窗相邻构件漆膜不应有明显色差。

H. 门窗橡胶密封条安装后接头严密，表面平整，玻璃密封条无咬边。

③涂色镀锌钢板门窗物理性能。涂色镀锌钢板门窗的抗风压性能、空气渗透性能和雨水渗漏性能应符合表1－17的规定。

表1－17　　涂色镀锌钢板门窗物理性能

开启方式	等　级	抗风压性能/kPa	空气渗透性能/[m^3/(m·h)]	雨水渗漏性能/Pa
平　开	Ⅰ	≥3.0	≤0.5	≥350
	Ⅱ	≥2.0	≤1.5	≥250
推　拉	Ⅰ	≥2.0	≤1.5	≥250
	Ⅱ	≥1.5	≤2.5	≥150

4. 门窗密封材料

(1) 密封材料选用要点。

①用于安装玻璃的密封材料应选用橡胶系列密封条或硅酮密封胶。橡胶系列密封条的物理性能应符合《塑料门窗用密封条》(GB/T12002－1989) 的规定；硅酮建筑密封胶应符合《硅酮建筑密封胶》(GB/T14683－2003) 的规定。

②框扇间用密封条应选用橡胶系列密封条或经过硅化处理密封毛条。橡胶系列密封条的物理性能应符合《塑料门窗用密封条》(GB/T12002－1989) 标准的规定；密封毛条的空气渗透性能、力学性能及尺寸允许偏差应符合《建筑门窗密封毛条技术条件》(JC/T635－1996) 标准中优等品的规定。

③填充建筑外门、外窗与洞口之间的伸缩缝内腔以及副框与洞口之间的伸缩缝内腔，应采用聚氨酯发泡密封胶等隔热隔声材料。

④密封建筑外门、外窗的室外防雨槽必须采用中性硅酮系列密封胶，不得采用丙烯酸密封膏。

⑤带副框的建筑门窗，其相连接处应采用硅酮系列密封胶。

（2）硅酮建筑密封胶。

①外观。

A. 产品应为细腻、均匀膏状物，不应有气泡、结皮和凝胶。

B. 产品的颜色与供需双方商定的样品相比，不得有明显差异。

②理化性能。硅酮建筑密封胶的理化性能应符合表 1 – 18 的规定。

表 1 – 18　　硅酮建筑密封胶理化性能

序号	项　目		技术指标			
			25HM	20HM	25LM	20LM
1	密度/（g/cm^3）		规定值 ±0.1			
2	下垂度/mm	垂直	≤3			
		水平	无变形			
3	表干时间/h		≤3			
4	挤出性/（mL/min）		≥80			
5	弹性回复率（%）		≥80			
6	拉伸模量/MPa	23℃	>0.4 或 >0.6		≤0.4 或≤0.6	
		–20℃				
7	定伸黏结性		无破坏			
8	紫外线辐照后黏结性		无破坏			
9	冷拉—热压后黏结性		无破坏			
10	浸水后定伸黏结性		无破坏			
11	质量损失率（%）		≤10			

1.1.3 塑料门窗

塑料门窗一般是以 PVC 树脂加入填料、颜料和各种添加剂，即经混料、捏合、挤出、冷却或异型材后，再经焊接、拼接、修整而制成的一种塑料制品。塑料门窗可分为钙素门窗、改性聚氯乙烯内门、改性聚氯乙烯夹层门、改性全速整体门窗、折叠式塑料异型组合屏风、玻璃钢门窗、塑料百叶窗。

1. 未增塑聚氯乙烯（PVC－U）塑料门

（1）外观质量要求。门构件可视面应平滑，颜色基本均匀一致，无裂纹、气泡，无严重影响外观的擦、划伤等缺陷。焊缝清理后，刀痕应均匀、光滑、平整。

（2）未增塑聚氯乙烯（PVC－U）塑料门的技术性能。

①力学性能。平开门、平开下悬门、推拉下悬门、折叠门、地弹簧门的力学性能应符合表 1－19 的要求，推拉门的力学性能应符合表 1－20 的要求。

表 1－19 平开门、平开下悬门、推拉下悬门、折叠门、地弹簧门的力学性能

项　　目	技术要求
锁紧器（执手）的开关力	不大于 100N（力矩不大于 10N · m）
开关力	不大于 80N
悬端吊重	在 500N 力作用下，残余变形不大于 2mm，试件不损坏，仍保持使用功能
翘　曲	在 300N 力作用下，允许有不影响使用的残余变形，试件不损坏，仍保持使用功能
开关疲劳	经不少于 10 万次的开关试验，试件及五金配件不损坏，其固定处及玻璃压条不松脱，仍保持使用功能

续表

项　　目	技术要求
大力关闭	经模拟 7 级风连续开关 10 次，试件不损坏，仍保持开关功能
焊接角破坏力	门框焊接角的最小破坏力的计算值不应小于 3 000N，门扇焊接角的最小破坏力的计算值不应小于 6 000N，且实测值均应大于设计值
垂直荷载强度	对门扇施加 30kg 荷载，门扇卸荷后的下垂量不应大于 2mm
软物撞击	无破损，开关功能正常
硬物撞击	无破损

说明：

（1）垂直荷载强度适用于平开门、地弹簧门。

（2）全玻璃门不检测软、硬物撞击性能。

表 1 – 20　　推拉门的力学性能

项　　目	技术要求
开关力	不大于 100N
弯　曲	在 300N 力作用下，允许有不影响使用的残余变形，试件不损坏，仍保持使用功能
扭　曲	在 200N 力作用下，试件不损坏，允许有不影响使用的残余变形
开关疲劳	经不少于 10 万次的开关试验，试件及五金配件不损坏，其固定处及玻璃压条不松脱
焊接角破坏力	门框焊接角的最小破坏力的计算值不应小于 3 000N，门扇焊接角的最小破坏力的计算值不应小于 4 000N，且实测值均应大于设计值
软物撞击	无破损，开关功能正常
硬物撞击	无破损

说明：

（1）无凸出把手的推拉门不做扭曲试验。

（2）全玻璃门不检测软、硬物撞击性能。

②物理性能。

A. 抗风压性能。以安全检测压力值 P_3 进行分级，其分级指标值 P_3 应符合表 1－21 的规定。

表 1－21　　抗风压性能分级　　单位：kPa

分 级	1	2	3	4	5	6	7	8	×·×
分级指标值	$1.0 \leqslant P_3 < 1.5$	$1.5 \leqslant P_3 < 2.0$	$2.0 \leqslant P_3 < 2.5$	$2.5 \leqslant P_3 < 3.0$	$3.0 \leqslant P_3 < 3.5$	$3.5 \leqslant P_3 < 4.0$	$4.0 \leqslant P_3 < 4.5$	$4.5 \leqslant P_3 < 5.0$	$P_3 \geqslant 5.0$

说明：表中×·×表示用≥5.0kPa 的具体值取代分级代号。

B. 气密性能。单位缝长空气渗透量 q_1 的单位面积、空气渗透量 q_2 分级指标值应符合表 1－22 的规定。

表 1－22　　气密性能分级

分 级	3	4	5
单位缝长分级指标值 q_1/[m^3/(m·b)]	$2.5 \geqslant q_1 > 1.5$	$1.5 \geqslant q_1 > 0.5$	$q_1 \leqslant 0.5$
单位缝长分级指标值 q_2/[m^3/(m·b)]	$7.5 \geqslant q_2 > 4.5$	$4.5 \geqslant q_2 > 1.5$	$q_2 \leqslant 0.5$

C. 水密性能。分级指标值 ΔP 应符合表 1－23 的规定。

表 1－23　　水密性能分级　　单位：Pa

分 级	1	2	3	4	5	××××
分级指标值	$100 \leqslant \Delta P < 150$	$150 \leqslant \Delta P < 250$	$250 \leqslant \Delta P < 350$	$350 \leqslant \Delta P < 500$	$500 \leqslant \Delta P < 700$	$\Delta P \geqslant 700$

说明：表中××××表示用≥700Pa 的具体值取代分级代号。

D. 保温性能。分级指标值 K 应符合表 1－24 的规定。

表 1－24　　保温性能分级　　单位：W/(m^2·K)

分 级	7	8	9	10
分级指标值	$3.0 > K \geqslant 2.5$	$2.5 > K \geqslant 2.0$	$2.0 > K \geqslant 1.5$	$K < 1.5$

E. 空气声隔声性能。分级指标值 R_w 应符合表 1－25 的规定。

表 1－25　　空气声隔声性能分级　　单位：dB

分　级	2	3	4	5	6
分级指标值	$25 \leqslant R_w < 30$	$30 \leqslant R_w < 35$	$35 \leqslant R_w < 40$	$40 \leqslant R_w < 45$	$R_w \geqslant 45$

2. 未增塑聚氯乙烯（PVC－U）塑料窗

（1）外观质量。窗构件可视面应平滑，颜色基本均匀一致，无裂纹、气泡，无严重影响外观的擦、划伤等缺陷。焊缝清理后，刀痕应均匀、光滑、平整。

（2）未增塑聚氯乙烯（PVC－U）塑料窗的技术性能。

①力学性能。平开窗、平开下悬窗、上悬窗、中悬窗、下悬窗的力学性能应符合表 1－26 的要求，推拉窗的力学性能应符合表 1－27 的要求。

表 1－26　　平开窗、平开下悬窗、上悬窗、中悬窗、下悬窗的力学性能

项　　目	技术要求	
锁紧器（执手）的开关力	不大于 80N（力矩不大于 10N·m）	
开关力	平合页不大于 80N	摩擦铰链不小于 30N，不大于 80N
悬端吊重	在 500N 力作用下，残余变形不大于 2mm，试件不损坏，仍保持使用功能	
翘　曲	在 300N 力作用下，允许有不影响使用的残余变形，试件不损坏，仍保持使用功能	
开关疲劳	经不少于 1 万次的开关试验，试件及五金配件不损坏，其固定处及玻璃压条不松脱，仍保持使用功能	
大力关闭	经模拟 7 级风连续开关 10 次，试件不损坏，仍保持开关功能	
焊接角破坏力	窗框焊接角最小破坏力的计算值不应小于 2 000N，窗扇焊接角最小破坏力的计算值不应小于 2 500N，且实测值均应大于计算值	

续表

项　　目	技术要求
窗撑试验	在200N力作用下，不允许位移，连接处型材不破裂
开启限位装置（制动器）受力	在10N力作用下开启10次，试件不损坏

说明：大力关闭只检测平开窗和上悬窗。

表1－27　　推拉窗的力学性能

项　　目	技术要求			
开关力	推拉窗	不大于100N	上下推拉窗	不大于135N
弯　曲	在300N力作用下，允许有不影响使用的残余变形，试件不损坏，仍保持使用功能			
扭　曲	在200N力作用下，试件不损坏，允许有不影响使用的残余变形			
开关疲劳	经不少于1万次的开关试验，试件及五金配件不损坏，其固定处及玻璃压条不松脱			
焊接角破坏力	窗框焊接角的最小破坏力的计算值不应小于2 500N，窗扇焊接角最小破坏力的计算值不应小于1 400N，且实测值均应大于设计值			

说明：没有凸出把手的推拉窗不做扭曲试验。

②物理性能。抗风压性能、气密性能、水密性能、保温性能和空气声隔声性能，参见“未增塑聚氯乙烯（PVC－U）塑料门”相关内容。

采光性能：分级指标值T_r按照表1－28的规定。

表1－28　　采光性能分级

分　级	1	2	3	4	5
分级指标值	$0.20 \leq T_r < 0.30$	$0.30 \leq T_r < 0.40$	$0.40 \leq T_r < 0.50$	$0.50 \leq T_r < 0.60$	$T_r \geq 0.60$

3. 玻璃钢门窗

玻璃钢门窗是以合成树脂为基材，以玻璃纤维及其制品为增强

材料，经一定成型加工而成。

（1）玻璃钢门窗产品。玻璃钢门窗产品具有强度高、保温节能、环保、美观、耐久等优点。门窗形式主要有平开窗（内开、外开）、推拉窗、上提拉窗、摇把式外平开窗、上悬窗及平开门（内开、外开）、推拉门、平行推拉门等。

玻璃钢型材的截面设计独特，采用多腔结构，具有独立和密闭的主体腔体，满足排水、增强保温、隔声的效果。玻璃钢型材表面采用玻璃钢专用的环保涂料直接喷涂，色彩多种多样，可按用户的要求选择，涂层具有良好的耐候和抗老化性能，正常的使用寿命在10年以上。

采用中空玻璃总厚度为22～30mm，一般选用5mm＋12mm＋5mm的中空玻璃，具有良好的隔声、保温性能。玻璃安装槽的深度可达14mm，提高了安全性，并采用独特的玻璃安装方法：玻璃外侧采用聚乙烯结构胶带黏结密闭，内侧采用橡塑软硬共挤压条。这不仅为玻璃提供了安全、可靠的密封，还使产品更为美观，透光率高。

玻璃钢门窗产品主要技术性能见表1－29。

表1－29　　玻璃钢门窗产品技术性能

项　　目	检测值	评定等级	检测标准
抗风压/kPa	＋4.523 －4.560	8级	GB/T7106－2008
气密性能/［m^3/（m·h）］	0.2	5级	GB/T7106－2008
水密性能/Pa	517	5级	GB/T7106－2008
保温性能/［W（m^2·K）］	2.1	8级	GB/T8484－2008
隔声性能/dB	37	4级	GB/T8485－2008

说明：

（1）本表为60规格平开窗检测值。

（2）型材采取阻热处理，中空玻璃（5＋12A＋5）白玻，框玻比为0.34。

（2）玻璃钢窗。

①力学性能。平开窗、平开下悬窗、上悬窗、中悬窗、下悬窗的力学性能应符合表1－26的要求，推拉窗的力学性能应符合表1－27的要求。

②物理性能。

A. 抗风压性能。以安全检测压力值 P_3 进行分级，其分级指标值 P_3 应符合表1－21的规定。

B. 气密性能。单位缝长空气渗透量 q_1 和单位面积空气渗透量 q_2 分级指标值应符合表1－22的规定。

C. 水密性能。分级指标值 ΔP 应符合表1－23的规定。

D. 保温性能。分级指标值K应符合表1－24的规定。

E. 空气声隔声性能。分级指标值 R_w 应符合表1－25的规定。

F. 采光性能。分级指标值 T_r 应符合表1－28的规定。

1.1.4 特种门窗

1. 防火、防盗门

（1）钢质防火门选用要求及性能。

①材料与配件。

A. 门框、门扇面板及其加固件应采用冷轧薄钢板。门框宜采用1.2～1.5mm厚钢板，门扇面板宜采用0.8～1.2mm厚钢板，加固件宜采用1.2～1.5mm厚钢板，加固件如设有螺孔，钢板厚度应不低于3.0mm。

B. 门扇和门框内的填充材料，应用不燃性材料填实。

C. 安装在钢质防火门上的锁、合页、插销等五金配件，其熔融温度不低于950℃。

D. 安装在防火门上的合页，不得使用双向弹簧，单扇门应设闭门器。

E. 双扇门间必须有盖缝板，并装设闭门器和顺序器等（常闭的防火门除外）。

F. 门框宜设密封槽，槽内应嵌装由不燃性材料制成的密封条。

②外观质量。

A. 焊接要求。焊接应牢固，焊点分布均匀。不得出现假焊和烧穿现象。外表面塞焊部位应打磨平整。

B. 喷涂要求。防火门表面应喷涂防锈底漆，漆层应均匀、平整、光滑，不得有堆漆、麻点、气泡、漏涂以及流淌等现象。

C. 门框、门扇表面无明显凹凸、擦痕等缺陷。

③尺寸精准。在闭门状态下，门扇应与门框贴合，其搭接量不得小于10mm。测量部位在门扇两侧和一个上侧的中点处，读数取最大值，准确至1mm。门扇与门框之间的两侧缝隙不得大于4mm，上侧缝隙不得大于3mm，双扇门中间缝隙不得大于4mm，测量部位均在门扇两侧或上侧或双扇门的中点处，读数准确至1mm。

④耐火极限。甲级钢制防火门的耐火极限不应小于1.2h，乙级钢质防火门的耐火极限不得小于0.9h，丙级钢质防火门的耐火极限不应小于0.6h。

（2）钢制防盗门选用要求及性能。

①一般要求。

A. 所有金属和木质构件表面均应进行防腐蚀处理，漆层应有防锈底漆。漆层表面应无气泡和漆渣，电镀层色泽均匀，镀层无脱落。

B. 门扇、门框的外形尺寸允许偏差应符合表1－30的有关规定和图示尺寸的要求，门扇断面结构应符合图纸规定。

表1－30　防盗门允许偏差　单位：mm

对角线尺寸	偏差		
	优等品	一级品	合格品
<2 000	≤2		≤3
2 000～3 000	≤3		≤4
>3 000	≤4		≤5

C. 栅栏式折叠门的铆接应采用高强度铆钉，铆接质量应保证铆钉中心线没有明显偏移现象。

D. 在锁具安装部位以锁孔为中心，在半径不小于100mm的范围内应有加强防钻钢板，以防止穿透门扇钻一个孔洞，从而拆卸锁具、打开门扇。

②安全级别。各种结构形式的防盗安全门在规定的破坏工具作用下，按其最薄弱环节能够抵抗非正常开启的净工作时间的长短分级（见表1－31）。

表1－31　　防盗门安全级别

项　目	平开全封闭式防盗安全门	平开栅栏式、折叠栅栏式防盗安全门
级　别	A级：15min	A级：10min
	B级：30min	B级：20min
	C级：45min	C级：30min

③门框、门扇尺寸。

A. 钢门框的制作钢板，其厚度不应小于2mm。

B. 钢门框上有锁孔时，其与锁舌（栓）的最大配合间隙不应大于3mm。

C. 门扇与门框的搭接宽度不应小于8mm，门扇与门框配合活动间隙不应大于4mm。

D. 门扇与门框铰链边贴合页间隙不应大于2mm，门的开启边在关门状态与门框间隙不应大于3mm。

E. 门扇与地平面的缝隙不应大于5mm，门扇表面平面度不应大于6mm。

F. 门框与门扇之间或其他部位可以安装防闯入装置，装置本身及连接强度应可抵抗30kg沙袋的9次冲击而不产生断裂或脱落。

G. 门扇在30kg沙袋软冲击载荷作用9次后，不应产生大于5mm的凹变形。

H. 栅栏式防盗安全门水平或垂直方向的栅栏间隔应大于

60mm，单个栅栏最大面积不应超过250mm×60mm。

I. 栅栏式防盗安全门安装锁具的钢制面板厚度不应小于4mm，其沿门扇高度方向的最小尺寸不应小于300mm，沿门扇宽度方向的尺寸应可保证与门扇框架整体连接。

④门铰链。

A. 门铰链应能支撑住门体重量，门在开启90°的过程中，门体不应产生倾斜，门铰链轴线不应产生大于2mm的位移。

B. 门铰链应转动灵活，在49N拉力作用下，门体可灵活转动90°。折叠门扇（或根）的铰链在49N力的作用下，应可收缩开启，其整体动作应一致。门扇折叠后，其相邻两扇面的高低差值不应大于2mm。

C. 门铰链在强度上应可承受使用普通机械手工工具对铰链实施冲击、錾切破坏时传给铰链的冲击力和撬扒力矩，在规定的时间内，门铰链应无断裂现象。采用焊接时，焊缝不得高于铰链表面。

D. 门铰链与门扇的连接处，在6 000N压力作用下，力的作用方向为门的开启方向，门框与门扇之间不应产生大于8mm的位移，门扇面不应产生大于5mm的凹变形。

⑤门锁。

A. 机械防盗锁。防盗安全门上安装的门锁最低应符合《机械防盗锁》（GA/T 73－1994）中A级别机械防盗锁的技术要求。图纸上应标明选用的机械防盗锁的产品型号和制造厂名称。

B. 电子密码锁。电子密码锁输入开启密码前，可以设有开启程序，该程序应简短、可靠、易记，并可定期或非定期更改。门被关闭后，电子密码锁即应进入锁闭状态。电子密码锁在感应不大于100N撞击力的冲击时，不产生误动作和损坏现象。电子密码锁设有时间密码时，在24h的工作期间内，其开启时间的准确度不应超过±2min。

如果是采用改变接线位置来更换电子密码锁的密码时，其间插件的插拔耐久性应可达到6 000次不出故障。焊接引出线或接插件引出线在 49N 拉力作用下持续 1min，不能产生短线、脱焊和接触不良现象。如果用密码盘改变密码，其密码盘在 6 000 次按键动作中不应出现故障。

连续三次输入错误密码时，电子密码锁应能触发报警。在报警状态，电子密码锁处于不解码状态。电子密码锁失效、断电时，应有紧急开启手段。

⑥防破坏。防盗安全门在普通机械手工工具、便携式电动工具等相互配合作用下，在 A 级、B 级、C 级规定的净工作时间内，应该不能打开门或切割出一个穿透门体面积为 615cm^2 的开口。

⑦报警装置。

A. 防盗安全门可以安装报警装置，其安装位置应不易遭受外部破坏，且不影响门的开启。

B. 报警信号显示可为两种形式，即本地声音报警或接入报警传输网络。

C. 门扇及门框遭受下列方式之一的入侵攻击时，报警装置应在 30s 内发出报警信号，每次报警时间不应少于 1min：

第一，门体遭受 300N 以上的冲击力；

第二，金属敲击门扇、门框的声级大于 100dB（A）。

D. C 级防盗安全门的报警装置还应对下列方式之一的入侵攻击产生报警信号：

第一，火焰切割门扇金属。

第二，用钥匙连续开启锁具时间超过 100s。

⑧电源。

A. 报警装置或电子密码锁用一次或二次电池供电，当工作电压下降到额定值的 80% 或产品规定值时，应有欠压报警指示。

B. 电源电压在额定值的 85% ~110% 范围内变化时，报警装置应能正常工作。

⑨电气安全要求。

A. 防盗安全门上使用交流电源时，其电源引入端与外壳或金

属门体之间的绝缘电阻在正常环境条件下不小于200MΩ。

B. 防盗安全门上使用交流电源时，其电源引入端与外壳或金属门体之间应能承受50Hz、2kV交流电压的抗电试验，历时1min应无击穿和飞弧现象。

2. 全玻门

（1）材料选用基本要求。

①全玻门所采用的玻璃品种（超过1.2m^2时为安全玻璃）、颜色及各项性能应符合设计要求及相关标准的规定，并具有产品合格证及检测报告。玻璃的裁割、倒角及钻孔应尽量在加工厂完成。

②不锈钢或其他有色金属型材的门框、限位槽及板，应符合设计及相关标准的规定。

③辅助材料如木方、玻璃胶、地弹簧、木螺钉、自攻螺钉等应符合设计要求及相关标准的规定。

（2）地弹簧。

①外观。

A. 产品面板应平整、光洁，字迹及图案完整、清晰。

B. 埋设地下部分的外表必须有防锈保护层，不得露底。

C. 产品外观不应有影响其性能及寿命的缺陷。

②用途。地弹簧是用于比较高级建筑物门扇下面的一种自动闭门器。当门扇向内或向外开启不到90°时，能使门扇自动关闭；当门扇转动到90°位置时，可固定不动。关门速度可调节。不需要铰链配合，朝一个方向或两个方向开启的门扇都可应用。它的主要结构埋于地下，门扇上不再需另安铰链或定位器等。

3. 自动门

（1）感应式推拉自动门。

①材料。

A. 门体材料采用铝合金建筑型材，也可采用其他材料。

B. 门用铝合金建筑型材应符合《铝合金建筑型材》“第 1 部分基材”（GB 5237.1－2008）的规定，其他材料及附件应符合现行国家标准、行业标准的规定。

C. 门和选用的零、附件材料，除不锈钢或耐蚀材料外，均应进行防锈、防腐蚀处理，不允许与铝合金型材发生接触腐蚀。

②装配要求。

A. 采用型材制作的门框，其尺寸允许偏差要求见表 1－32。

表 1－32 感应推拉自动门的门框型材尺寸允许偏差要求 单位：mm

项 目	尺 寸	等级		
		优等品	一等品	合格品
门框内侧宽、高允许偏差	≤2 000	±1.0	±1.5	±2.0
	>2 000	±1.5	±2.0	±2.5
门框内侧对边尺寸之差	≤2 000	≤1.5	≤2.0	≤2.5
	>2 000	≤2.5	≤3.0	≤3.5
门框内侧对角线尺寸之差	≤2 000	≤1.5	≤2.0	≤2.5
	>2 000	≤2.5	≤3.0	≤3.5

B. 采用型材制作的门框、扇各相邻构件装配间隙及平面度要求见表 1－33。

表 1－33 感应式推拉自动门的门框、扇各相邻构件装配间隙及平面度要求 单位：mm

项 目	等 级		
	优等品	一等品	合格品
平面度	≤0.3	≤0.4	≤0.5
装配间隙	≤0.3		≤0.5

C. 门构件连接应牢固，结构应具有足够的强度和刚度，能够满足驱动、控制零部件的安装和保证门能启动自如的要求。

D. 门梁导轨的水平度在每米偏差不大于 1mm。

E. 门边框的垂直度在每米偏差不大于1mm。

F. 下导轨与门梁导轨所在的垂直面应平行，其平行度在每米偏差不大于1mm。

G. 门框与门扇间隙应均匀，全闭时，动扇与边框或与定扇的立边间隙极限偏差应不大于±1.5mm；扇与扇的间隙极限偏差应不大于±1.5mm。

H. 运行过程中，动扇不得与门梁盖板、定扇和地面发生刮擦。

I. 门用零附件安装应正确、齐全、牢固，起到各自的作用，具有足够的强度，启闭灵活。

③应用性能。

A. 门用电源电压应为AC220V±10%，频率为50Hz。

B. 超声波、红外线和微波探测器的探测范围应可调，其探测面积要求见表1-34。

表1-34　　感应式推拉自动门的探测装置探测面积

探测装置类型	探测面积/m^2
超声波探测器	0.8
红外线探测器	1~2
微波探测器	2~3

C. 探测器安装应保证其盲区边缘距门的距离不大于200mm。

D. 门应启闭灵敏，当人或物体以0.3m/s的速度通过探测范围时，应正常启闭。

E. 门在开启、关闭过程中，快速运行速度应为0.2~0.4m/s。

F. 在全开启或全关闭之前，门的速度减至安全可靠的慢速且可调，缓冲明显，启闭平稳。

④外观质量。感应式推拉自动门的表面质量要求如下：

A. 门装饰表面不应有明显的损伤和影响性能的缺陷，每樘门的局部擦伤、划伤应符合相应标准或有关标准的规定。

B. 门相邻构件着色表面不应有明显的色差。

C. 门表面不应有金属屑、毛刺、腐蚀斑痕及其他污迹。

（2）感应式平开自动门。

①材料参见感应式推拉自动门。

②装配要求：

A. 采用型材制作的门框，其尺寸偏差要求见表1－35。

表1－35　感应式平开自动门的门框型材尺寸偏差要求　单位：mm

项　目	尺　寸	等　级		
		优等品	一等品	合格品
门框内侧宽、高允许偏差	≤2 000	±1.0	±1.5	±2.0
	>2 000	±1.5	±2.0	±2.5
门框内侧对边尺寸之差	≤2 000	≤1.0	≤1.5	≤2.0
	>2 000	≤2.0	≤2.5	≤3.0
门框内侧对角线尺寸之差	≤2 000	≤1.0	≤1.5	≤2.0
	>2 000	≤2.0	≤2.5	≤3.0

B. 采用型材制作的门框、扇各相邻构件装配间隙及平面度要求见表1－36。

表1－36　感应式平开自动门的门框、扇各相邻构件装配间隙及平面度要求　单位：mm

项　目	等　级		
	优等品	一等品	合格品
平面度	≤0.3	≤0.4	≤0.5
装配间隙	≤0.3		≤0.5

C. 门构件连接应牢固，结构应具有足够的强度和刚度，能够满足驱动、控制等零部件的安装和保证门能启闭自如的要求。

D. 门边框的垂直度每米偏差不大于1mm。上框的水平度每米偏差不大于1mm。

E. 门框、扇配合间隙应均匀，全闭时扇与边框的间隙极限偏

差应不大于 ±1.5mm，扇与扇的间隙极限偏差应不大于 ±1.5mm。

F. 门用零附件安装应位置正确、齐全、牢固，起到各自的作用，具有足够强度，启闭灵活。

③应用性能参见感应式推拉自动门。

④外观质量参见感应式推拉自动门。

4. 旋转门

（1）成套旋转门。安全玻璃活动扇、5mm + 5mm 夹胶玻璃曲壁、轴承、动力系统、感应系统、紧急疏散系统、伤残人用慢速开关、急停开关、照明灯等应符合设计要求，有生产许可证、产品合格证性能检测报告。普通旋转门的主要技术参数见表 1－37。

表 1－37　　普通旋转门的主要技术参数

项　目	技术参数
电　源	220V，50～60Hz
主保险	5～10A
功　耗	电动机 0.5～1.2kW，照明 300～600W
高速调节范围	1.5～5r/min
低速运转	1.5r/min

（2）饰面材料。不锈钢板、铝合金板、彩色金属板、木夹、织物、玻璃等应有产品合格证，并符合设计要求。

（3）其他材料。各种五金配件、玻璃胶、自攻螺钉、木螺钉等应有产品合格证，胶类产品要符合环保要求。

5. 金属卷帘门

（1）金属卷帘门材料选用基本要求如下：

①铝合金零件表面应进行氧化处理，钢制零件表面应进行镀锌、喷漆或喷塑。

②各部位的铆接、焊接、螺栓连接处应牢固可靠，不得有松

动、开裂、未熔化、气孔和夹渣。

③叶片相互啮合应灵活。

④外观质量应符合要求。

（2）金属卷帘门材料外观要求如下：

①叶片、导轨、中柱、上罩、卷轴等零部件的表面应平整光洁，不得有裂纹、扭曲、压坑及明显的凹凸、锤痕等缺陷。

②卷门外表面应色调一致，无明显色差。

③产品铭牌应位置端正、牢固，字体规整、清晰。

（3）金属卷帘门性能要求如下：

①卷帘门机使用寿命不得少于 4 000 次。

②启闭性能要求如下：

A. 手动式卷帘门。手动式卷帘门的启闭应平衡、顺畅，启闭力应符合表 1－38 的规定。

表 1－38　　手动式卷帘门启闭力

卷帘门内宽 B/mm	启闭力 N
≤1 800	≤98
>1 800	≤118

B. 电动式卷帘门。电动式卷帘门的启闭性能应符合下列规定：

• 叶片能顺畅滑动；

• 启闭速度为 3～7m/min；

• 启闭过程中能在任何位置停止；

• 启闭至上、下限时，能自动停止；

• 当温度超过电器器件的规定温度时，能自动切断电源；

• 当电源电压在 90%～110%额定电压范围内波动时，卷帘门能正常启闭；

• 切断电源时，能用手力启闭，其启闭力不大于 118N。

③强度要求如下：

A. 帘片的抗风压强度：卷帘门帘片在承受 490N/m^2、686N/m^2

风压载荷时，允许最大的中心挠度值应符合表1－39的规定，且卸载后不能留下对使用功能有害的变形。

表1－39　　卷帘门片允许最大中心挠度值

帘片全长/m	允许最大中心挠度值/mm
≤3	155
＞（3～4）	185
＞（4～5）	205
＞（5～6）	225

B. 卷帘门中柱的抗风压强度必须符合表1－40的要求。

表1－40　　卷帘门中柱抗风压强度

风压荷载/（N/m^2）	用来测量挠度弯曲载荷/N	中心点的挠度/mm	弯曲破坏载荷/N	载荷施加方法
490	3 432	≤3	≥6 668	集中载荷
686	4 413	≤3	≥8 630	集中载荷

④表面镀漆层质量要求如下：

A. 表面镀锌的普通碳素钢零件不得露底、脱落，耐腐蚀性能试验12h不低于8级。

B. 表面喷漆的普通碳钢零件，其漆膜附着力应不低于3级。

C. 表面阳极氧化铝合金零件的表面氧化膜，经规定的耐碱度测定后，5min内不得改变颜色。

6. 地下室人防门

（1）人防门。门扇和框的规格、型号、技术性能应符合设计要求，有产品合格证、性能检测报告和生产许可证。

（2）配件。各种五金配件、密封件必须与门的规格、型号相匹配。

（3）其他材料。各种规格的螺钉、垫铁、焊条、防锈漆等。

1.2 工 器 具

1.2.1 木门窗工器具

1. 常用木工机械

（1）多用微型木工机床。这种机床分为锯、刨、车三个部分，能完成锯料、刨料、开榫、裁口、打眼、车削（车各种圆角、圆腿）、倒棱、爬槽等作业。

（2）电动曲线锯。电动曲线锯是在板材上可按曲线进行锯切的一种电动往复锯。配用曲线锯条，对木材、金属、塑料、橡胶、皮革等板材进行直线和曲线锯割，还可安装锋利的刀片，裁切橡胶、皮革、纤维织物、泡沫塑料、纸板等。

（3）手持式电动圆锯。手持式电动圆锯用于切割木夹板、木方、装饰板、轻金属等。锯片为圆形钢锯片，常用规格有 7 英寸、8 英寸、9 英寸、10 英寸、12 英寸、14 英寸几种。

（4）电动往复锯。电动往复锯是一种电动锯工具，用于锯割木材、金属、管材等。

（5）电动、气动打钉枪。电动、气动打钉枪是用于在木龙骨上钉木夹板、纤维板、刨花板、石膏板等板材和各种装饰木线条的工具。电动打钉枪配有专用枪钉，常用规格有 10mm、15mm、20mm、25mm 四种，只要插入 220V 电源插座，即可使用。

（6）电锤。电锤又叫“冲击电钻”，兼备冲击和旋转两种功能，应用范围较广，可用于铝合金门窗、铝合金吊顶以及饰面石材安装工程。电锤使用硬质合金钻头，在砖石、混凝土上打孔时，钻头旋转兼冲击，操作者无须施加压力。可用在混凝土地面打孔，以膨胀螺栓代替普通地脚螺栓，安装各种设备。

（7）射钉枪。射钉枪是一种直接完成型材安装紧固技术的工具。它是利用射钉器（枪）击发射钉弹，使火药燃烧，释放出能量，把射钉钉在混凝土、砖砌体、钢铁、岩石上，将需要固定的构件，如管道、电缆、钢铁件、龙骨、吊顶、门窗、保温板、隔声层、装饰物等永久性的或临时固定上去。这种技术具有其他一些固定方法所没有的优越性：自带能源、操作快速、工期短、使用可靠、安全、节约资金、施工成本低、大大减轻劳动强度等优点。

①构造。射钉枪主要由活塞、弹枪组件、击针、击针弹簧、钉管及枪体外套等部分组成。轻型射钉枪能半自动活塞回位、半自动退壳，半自动射钉枪具有半自动供弹结构。

②使用要点如下：

A. 装钉子。把选用的钉子装入钉管，并用通条将钉子推到底部。

B. 退弹壳。把射钉枪的前半部转动到位，向前拉；断开枪身，弹壳便自动退出。

C. 装射钉弹。把射钉弹装入弹膛，关上射钉枪，拉回前半部，顺时针方向旋转到位。

D. 击发。将射钉枪垂直地紧压于工作面上，扣动扳机击发，如有弹不发火，重新把射击枪垂直紧压于工作面上，扣动扳机击发。如两次均不发出子弹时，应保持原射击位置数秒钟，然后将射钉弹退出。

E. 在使用结束时或更换零件之前，以及断开射钉枪之前，射钉枪不准装射钉弹。

F. 射钉枪要专人保管使用，并注意保养。

（8）电动角向钻磨机。电动角向钻磨机是一种供钻孔和磨削两用的电动工具。当把工作部分换上钻夹头并装上麻花钻时，即可对金属等材料进行钻孔加工。如把工作部分换上橡胶轮，装上砂布、抛布轮时，可对制成品进行磨削或抛光。由于钻头与电动机轴线成直角，所以它特别适用于空间位置受限制不便使用普通电钻和磨削工具的场合，可用于建筑装修工程中对多种材料的钻孔。所用的电机是单相串激交直流两用电动机。

2. 常用木工工具

（1）锯割工具。木工锯分为框锯、刀锯、手锯、侧锯、钢丝锯、横锯、板锯等多种。较常用的有框锯和刀锯两种。

①框锯，也称“拐子锯”，由锯拐、锯梁、锯条、锯绳（钢串杆）、锯标和锯钮组成。锯拐一端装麻绳，用锯标绞紧（装钢串杆，用蝴蝶螺母旋紧）。框锯又分为截锯、顺锯和穴锯。

A. 截锯，也称“横向锯”，用于垂直木纹方向的锯割。锯条尺寸略短，齿较密。锯齿刃为刀刃型。前刃角度小，锯齿应拨为左、右排列。

B. 顺锯，也称“纵向锯”，用于顺木纹纵向锯割。锯条较宽，便于直线导向，锯路不易跑弯。锯齿前刃角度较大，锯齿应拨左、中、右排列。

C. 穴锯，也称“曲线锯”，适用于锯割内外曲线或弧线工件。锯条长度为600mm左右。锯条较窄，料度较大，前刃角介于截锯和顺锯之间，锯齿应拨为左、中、右排列。

框锯操作方法：首先把锯条方向调整好，使整个锯条调到一个平面上，然后绷紧锯绳（钢串杆）即可。

②刀锯有双刃刀锯、夹背刀锯、鱼头刀锯等。刀锯由锯片、锯把组成。刀锯携带方便，适用于在框锯使用不便的地方使用。

③钢丝锯和侧锯的构造。钢丝锯为锯割半径较小的圆弧等所用；侧锯为刹肩等细部所用。

（2）刨削工具。

① 平刨。平刨用于刨削木料的平面，使木料平直。使用前，

调整刨刀。安装刨刀时，要使刨刃刃口露出刨口槽，刃口一般露出0. 1 ~0. 5mm。

② 线刨。线刨的刨底和刨刃要按需要加工的线条形状磨制成相应形状，用于家具、门窗等镶边装饰线条的加工。

③ 槽刨。槽刨刨刃宽度一般为 3 ~ 10mm，刨刃较厚，由刨身和刨挡两部分组成，可随意调整沟槽位置，是用于在木料上刨削沟槽的工具，可刨沟槽的一般宽 3 ~ 10mm，深 10 ~ 15mm。

（3）凿孔工具。

① 平凿。

A. 宽刃凿。宽刃凿是一种非常坚硬的凿子，凿头又宽又厚，刃的角度为 30°，适合凿宽眼及深槽。

B. 窄刃凿。凿宽一般在 16mm 以下，颈厚，刃锋角度为 30° ~ 40°，适合凿较深的眼及槽。

C. 轻便凿。形似宽刃凿，但较其短、小、细、薄，适合凿浅眼、浅槽及安装修补门窗，使用方便灵活。

D. 扁凿。刃薄、颈细、把长、无箍，铲刃角度为 20° ~ 25°，适合切削榫眼的糙面，修理肩、角、线等工作，不可用锤击打铲把。

E. 曲颈凿。刃头部分弯下，适于切削沟槽内的平面。

② 圆凿。

A. 外圆凿。刃部呈弧形，用于凿圆孔及雕刻。

B. 内圆凿。刃部呈弧形，可以切削圆槽。

③ 斜刃凿。刃呈斜性，且分左斜和右斜两种，按大小也有大形和中形之分。可用于倒楞、剔槽、雕刻，有时当车刀切削圆形木件。

（4）斧、锤和锛。

① 斧子。

A. 双刃斧。刃锋在中间，能向左或向右两面砍劈木材，一般用于工地支模型、做屋架、砍木桩等，应用较广泛，使用灵活方便，不受限制。

B. 单刃斧。刃锋在一面，适合砍，不适合劈，砍时只能向一面砍，吃料容易，木料易砍直，适用于家具制作等较小的木作工程。

② 羊角锤。一头敲钉子，一头起钉子，分别用于钉钉子和起出钉子。

③ 锛子。锛刃由钢制成，套在木制的锛把上，锛头有弧度，分长短，锛把插入锛头处需设“咽喉”。一般用于锛平平面较大的木材，也用于锛平木大梁等不平之处，使用极为省力。

3. 计量画线工具

（1）角尺。角尺有木制、钢制两种。一般尺柄长 15～20cm，尺翼长 20～40cm，柄翼成垂直角，用于画直线、平行线及检查平整正直。

（2）曲尺。曲尺用于测量较长距离的尺寸，在木材长度及原材料等木料选用和一般量度中经常使用，有 5m、10m、15m、20m、30m、50m 六种。采用较多的为 15m、20m、30m 三种。

（3）画线笔。画线笔是用韧性较好的竹片制成，长 200mm 左右，笔端宽约 10～15mm，用薄凿将笔端削扁成斜刀形状，并剖成多条细丝，要求 1mm 内剖开 3 条，用以蘸墨画线。目前也有用木工铅笔代用。

（4）水准仪与水准尺。

① 水准仪。水准仪主要由望远镜、水准器和基座三个部分组成。

② 水准尺。施工中最常见的水准尺是塔尺，尺身划有黑白相间的刻度。较宽的黑格或白格都为 1cm，较窄的黑格或白格均为 0.5cm，逢 10cm 注一个数字，表示尺底到该处的分米数。超过 1m 后，所注数字顶上加红点，如 3 表示 1.3cm。不同的尺寸注字方法不同，有注正字的，也有注倒字的。使用水准尺前，应从尺底向上

仔细看一遍，弄清刻度注记。

1.2.2 金属门窗工器具

1. 活动扳手

扳手是松紧螺栓的专用工具，分为呆扳手和活扳手两种。

2. 钳子

钢丝钳子是用来夹断钢丝铁钉，也可以用于拔小钉子；钉子钳主要用于拔出图钉。

3. 螺钉旋具（螺丝刀）

螺钉旋具分为普通螺钉旋具、十字槽螺钉旋具、自动螺钉旋具等，用途十分广泛，如安装门窗、小五金等。

4. 其他机具

1.2.3 塑料门窗工器具

1. 切割机

型材切割机是对金属型材进行高效切割的机具。它利用薄砂轮片来切割，速度快，质量好，是建筑装饰和水电安装作业的常用机具。

2. 冲击电钻

冲击电钻是一种可调节式旋转带冲击的特种电钻。当利用其冲击功能，装上硬质合金冲击钻头时，可以对混凝土、砖墙等进行打孔、开槽作业；若利用其纯旋转功能，可以当作普通电钻使用。因此，冲击电钻广泛用于建筑装饰工程以及水电安装工程方面。充电式冲击电钻使用更为方便。

3. 螺钉旋具

螺钉旋具，俗称“螺丝刀”或“起子”，分为普通螺钉旋具、十字槽螺钉旋具、自动螺钉旋具等，用途十分广泛，如安装门窗、小五金等。

4. 水平尺

水平尺的中部及端部各装有水准管，当水准管内气泡居中时，即成水平。水平尺用于检查物面的水平或垂直。使用时为防止误差，可在平面上将水平尺旋转180°，复核气泡是否居中。

1.2.4 特种门窗工器具

特种门窗工器具包括电锯、电钻、射钉枪、铁锤、钢凿、吊线锤、扳手、钳子及螺钉旋具等。

1.3 作业条件

1.3.1 木门窗作业条件

（1）结构工程已完，并验收合格。

（2）弹好门窗中心线和水平控制线，经验收合格。

（3）固定门窗框的预埋木砖已通过验收合格。

（4）木门窗进场后，其品种、规格、型号、外观质量等经验收合格。

（5）门窗框靠墙、靠地一面已刷好防腐涂料，其他各面及扇均应涂刷清油一道。门窗框分类码放，下垫方木，且每层框与框、扇与扇间应加垫块，使其通风，并不得日晒雨淋。

1.3.2 金属门窗作业条件

（1）结构工程已完，且经质量验收合格，工种之间办好交接手续。

（2）需要抹灰的墙面，已做完贴饼、冲筋，并验收合格。

（3）门窗中心线和水平控制线已弹好，并验收合格。

（4）门窗的预埋件按其标设位置已预埋，并验收合格。

（5）金属门窗已进场，其外形及平整度均已检查校正，无翘曲、开焊、变形等缺陷，保护膜完好，已按不同规格和安装顺序存放在专用架上备用。

1.3.3 塑料门窗作业条件

（1）结构工程已完，并经验收合格。

（2）弹好门窗中心线和水平控制线，经验收合格。

（3）固定门窗框的预埋木砖已通过验收并合格。

（4）塑料门窗进场后，其品种、规格、型号、外观质量等经验收合格。

1.3.4 特种门窗作业条件

（1）结构工程已完工且验收合格，工种之间已经办好交接手续。

（2）墙面抹灰已完，已验收合格。

（3）按图纸尺寸弹放门中线及室内标高控制线，并检验合格。

（4）门洞口墙上的预埋件已按要求预留，并通过验收合格。

（5）成品门进场时，其品种、规格、型号、开启方向、五金配件均已通过验收并合格，其外形及平整度已经检查校正，无翘曲、窜角、弯曲、劈裂等缺陷。

1.4 技术准备

1.4.1 木门窗技术准备

（1）根据设计图纸的门窗品种、规格、型号进行翻样，并委托加工。

（2）根据图纸对现场门窗洞口尺寸、门窗框尺寸进行检查复核，并翻样订货。

（3）按设计要求确定门窗口做法。

（4）木门窗安装的样板已经监理、建设单位验收合格。

（5）对操作人员进行安全技术交底。

1.4.2 金属门窗技术准备

（1）根据图纸对现场门窗洞口尺寸及门窗框尺寸进行检查复核。检验标高控制线（+500mm 线）。

（2）按设计要求确定门窗洞口周圈收口的做法。

（3）按图纸核对各门窗的规格、型号、颜色、开启形式、开启方向、安装孔方位及组合杆和附件等。

（4）对操作人员做好安全技术交底工作。

1.4.3 塑料门窗技术准备

（1）根据设计图纸的门窗品种、规格、型号提前进行翻样订货。

（2）根据图纸核对门窗洞口的位置、尺寸及标高，进行检查复核。

（3）施工前先做样板，并经监理、建设单位验收合格。

（4）校对与检查进场后的塑料门窗的品种、规格、型号、尺寸、开启方向与附件是否符合设计要求。

（5）对操作人员进行安全技术交底。

1.4.4 特种门窗技术准备

（1）组织专业技术人员熟悉施工图纸，对门进行翻样，明确材质及质量要求，到有资质的厂家订货。

（2）对门洞口和安装位置进行检查复核，并做样板，经验收合格。

（3）对操作人员进行安全技术交底。

（4）校对与检查进场后的成品门的品种、规格、型号、尺寸、开启方向与附件是否符合设计要求及现场实际尺寸。

2 施工阶段

随社会的进一步发展，建筑物的高度越来越高，建筑物的形态越来越复杂，直接导致了建筑物的设计、施工等工艺的难度也随之增加。施工阶段操作工艺难度的增加是最为明显的，也是最为难以掌握和熟悉的。因此，施工阶段是整个工程从报批到验收最为重要的一个阶段，这个阶段质量如何对整个工程的质量有着至关重要的影响。同样，门窗玻璃的样式和材料越来越繁杂，施工工艺也随之变化，建筑物高度的增加也提高了门窗施工的难度。为保障施工过程中的安全、施工质量达到要求，首先应进行施工安全技术交底，然后按照不同类型的门窗进行施工，并严格把关每一道施工工艺，使门窗施工能够安全、顺利的进行，施工质量符合相关国家或地方规程要求，符合设计要求。

2.1 安全交底

安全交底是每个分部分项工程在设计结束、施工之前必须要进行的一种安全交底工作，其意义主要是对施工中有关的安全风险进

行有效的规避，通过一定的保护措施降低安全事故发生的几率，安排相应人员对可能存在安全隐患的地方定期进行检查，降低风险发生的可能性，规避安全事故的发生。

2.1.1 安全班会

依照建筑三级安全教育的规定成立施工班组安全管理小组，推选出班组组长和副组长，由班组组长主持本班组的安全生产工作。每天施工前，班组组长或副组长应开展安全教育班会，指导当天施工中应注意的安全风向因素、安全操作规程以及劳动纪律等，并及时建立安全台账。同时，班组组长负责对新进场的职工进行安全教育，并对班组内新老职工进行合理搭配，对新职工起到传、帮、带的作用。最后，班组组长和副组长应认真开展涉及安全知识的实践活动，并对该班组人员进行定期或不定期的安全教育工作，总结安全生产经验，为后续的安全生产工作奠定基础。

2.1.2 安全设施

安全设施是指企业（单位）在生产经营活动中为将危险、有害因素控制在安全范围内，以及减少、预防和消除危害所配备的装置（设备）和采取的措施。为保障门窗施工人员的安全和门窗安装的有序进行，施工现场应设置以下安全设施：

（1）现场设置醒目安全标语，加强安全教育，强化全员的防护意识，杜绝现场的一切违章和隐患。

（2）主体施工建筑物外侧密目网全封闭。

（3）施工现场的临时用电装置要执行“三相五线制”，执行“一机一箱一闸一保护”，手持电动工具必须执行两级保护，全面执行《施工现场临时用电安全规范》（JGJ46－2005）。

（4）安装玻璃时，严禁操作员站在樘子上操作，严禁手拉门窗进行攀登。

（5）窗口作业，操作人员的重心应位于室内，不能在窗台上站，必要时须挂安全带进行操作。

（6）高处作业必须系好安全带，做到高挂低用。

（7）主体砌筑首层设置防坠落平网，以后每隔两层设置一道外用立网进行全封闭。

（8）通往阳台未浇注混凝土栏板前，在门口处设置固定钢筋或木制栏阻门。

（9）檐子、临边作业采用全封闭，防护架要比作业层高出一步架。

（10）所有用于施工现场的防护设施未经主管人员同意不得拆除，挪用。

2.1.3 安全防护

安全防护：所谓安全，就是没有危险、不受侵害、不出事故；所谓防护，就是防备、戒备，防备是指做好准备以应付攻击或避免受害，戒备是指防备和保护。综合上述解释，则可以给安全防护做如下定义：做好准备和保护，以应付攻击或者避免受害，从而使被保护对象处于没有危险、不受侵害、不出现事故的安全状态。显而易见，安全是目的，防护是手段，通过防范的手段达到或实现安全的目的，就是安全防护的基本内涵。

在施工过程中，进行安全防护是施工安全的重中之重，因此，施工单位必须为施工人员提供以下防护用品：安全帽、防护镜、防尘口罩、头戴式电焊面具、耐酸碱手套、耐油手套、浸塑手套、帆布手套、棉纱手套、防静电手套、耐高温手套、防割手套、高空悬挂安全带、安全绳、踩板、密目网等防护工具。

施工单位提供上述防护用品后，施工作业人员须按照规章制度佩戴，否则依旧会出现较大的安全风险。因此，作业人员作业时必须正确戴好安全帽，作业期间不得脱帽，穿防滑工作鞋，严禁穿拖鞋或光脚。临边、登高作业时，必须系好安全带及搭设操作架，高空室外安装时，必须有安全网的护身栏等防护设施。不准酒后作业，不准违章操作，不准冒险作业，不准在作业时嬉闹，不准在里边或洞口处休息。当日作业前，班组长必须对施工中所使用的机具进行检查，检查施工机具运转是否正常，接地是否良好；漏电保护器是否灵敏可靠，漏电保护器动作电流必须符合规范；高处安装玻璃应稳妥放置，其垂直下方不得有人。不准在垂直方向的上下两层同时进行作业，以免玻璃掉落伤人。搬运玻璃要戴胶手套或用布纸垫包边口锐利部分，玻璃搬运要检查玻璃是否开裂脱块，搬运时应着长袖衫，防止玻璃镜边割手伤人。堆放玻璃应平稳，防止倾塌。门窗的玻璃应用夹具紧固，四周内外侧应用密封膏封严。洞口与副框、副框与门窗框拼接处的缝隙应用密封膏封严，不得在门窗框、铝合金栏杆等位置上安放脚手架、悬挂重物或在框内穿物起吊，以防门窗损坏，影响安全。使用射钉锚固时应注意过往行人，对面不准有人，以防射穿伤人。遇到雨雪大风天气存在安全隐患的情况，应停止搬运和安装玻璃。施工人员在窗、门洞口安装门窗时，严禁私自拆除外架刚性拉结点，如施工必须拆除的，在当日施工完毕时必须进行重新拉结。

上述列举了门窗施工中一些经常遇到的安全隐患，在实际工程中，安全隐患随现场实际情况不同而有所改变。在施工中，不能仅仅以上述安全问题为参照，应加强自检和互检，以期尽早发现安全隐患、规避安全事故发生、降低安全事故发生的几率，积累安全施工经验，为后续门窗工程的施工打下坚实的安全基础。

2.1.4 安全检查

安全检查是发动和依靠工作人员做好劳动保护工作的有效办法，是落实党的劳保政策、检查和揭露不安全因素的好形式，也是预防和杜绝工伤事故、改善劳动条件的一项得力措施，还可以达到交流经验、互相促进、互相学习的作用。安全检查的内容主要有：

（1）查有无进行三级教育；

（2）查安全操作规程是否公开张挂或放置；

（3）查在布置生产任务时有无布置安全工作；

（4）查安全防护、保险、报警、急救装置或器材是否完备；

（5）查个人劳动防护用品是否齐备及正确使用；

（6）查工作衔接配合是否合理；

（7）查事故隐患是否存在；

（8）查安全计划措施是否落实和实施。

安全检查的主要形式有经常性检查（如班组月查、周查，日查和抽查等）、专业性检查（如防寒保暖、防暑降温、防火防爆、制度规章、防护装置、电器保安等专业检查等），还有节假日前的例行检查和安全月、安全周的群众性大检查。另外，教育班组成员养成时时重视安全、经常注意进行自我安全检查的习惯，是实现安全生产、防止事故发生的最主要的方式。

每一次生产事故发生，受害最大的都是第一线的生产人员，因此必须学会自我安全检查。特别是对于那些刚到新岗位的工人，要坚决制止“边干边学”的极端错误做法。由此，自我安全检查可分为以下五类注意事项：

第一，工作区域的安全性：注意周围环境卫生，工序通道畅通，梯架台稳固，地面和工作台面平整。

第二，使用材料的安全性：注意堆放或储藏方式，装卸地方大小，材料有无断裂、毛刺、毒性、污染或特殊要求，运输、起吊、搬运手段，信号装置是否清晰等情况。

第三，工具的安全性：注意是否齐全、清洁，有无损坏，有何特殊使用规定、操作方法等。

第四，设备的安全性：注意防护、保险、报警装置情况，控制机构、使用规程等要求的完好情况。

第五，其他防护的安全性：注意通风、防暑降温、保暖情况，防护用品是否齐备和正确使用，衣服鞋袜及头发是否合适，有无消防和急救物品等防护措施。

在自查中发现的问题应自行解决后上岗操作，如本人无法处理，应及时向上级反映。消除隐患后才可作业，不得冒险蛮干。

在安全检查中发现的问题应做好记录，并以整改通知书的形式确定整改内容、整改责任人及整改期限等，并负责检查整改情况。对重大隐患，由单位负责人组织研究，落实整改措施。

2.2 技术交底

门窗施工技术交底内容应包括：施工部位和工作内容，主要材料，主要机具，作业条件，质量要求，安全健康及环境保护要求等，主要由技术负责人进行交底工作。在交底前，应要求相关技术人员和施工人员熟悉门窗施工图纸。在交底时，应针对不同的施工部位确定施工须采用的主要材料、机具、施工工艺及质量要求；同时针对木门窗、金属门窗、塑料门窗、特种门窗等门窗的施工工艺应分别做出详细的交底，以及在上述门窗安装过程中需要特别注意的事项也应逐一交底，以保障工人在施工时能够安全顺利进行。交底过程应形成完整的会议记录，并由技术负责人签字后上报上级单位存档。

2.3 操作工艺

建筑业的快速发展使门窗的种类和形式越来越繁多，样式也越来越复杂美观。按门窗材质分类，可以分为木门窗、金属门窗（包括铝合金门窗、钢门窗、涂色镀锌钢板门窗等）、塑料门窗（塑钢门窗）、彩板门窗等。门按用途划分，可分为常用木门、门连窗（门）、阁楼门、防火门、隔音门、冷藏门等。窗按用途划分，可分为常用木窗、橱窗、工业组合窗等。门窗按开启方式划分，又可分为平开门窗、推拉门、折叠门、自由门、固定窗、上悬窗、推拉窗等；按立面形式划分，又可分为胶合板门、拼板门、半玻门、百叶门、普通单层玻璃窗、双层玻璃窗、三角形木窗等；按结合基价列项划分，可以分为普通门及自由门、厂库房大门、特种门等。由此可见，门窗的分类确实较为复杂。为了可以较全面地掌握门窗安装的操作工艺，结合上述分类方式，经过对比确定，发现木门窗、金属门窗、塑料门窗和特种门窗这四类门窗的安装操作工艺比较全面地涵盖了上述各类门窗的施工工艺，因此本节主要讲述上述四类门窗的操作工艺，以期大家可以举一反三，掌握上述各种门窗的安装方法，完善并加强自己的能力。

2.3.1 木门窗安装

木门窗仍是现在较为常见的门窗类型之一，掌握其操作工艺是每一个门窗安装工人不可或缺的一门技术，也可以说是门窗安装工人的一个金饭碗。因此，掌握此类门窗的安装工艺则可以在今后的生存生活中得到更有利的发展，以及更加美好的发展前景。

1. 工艺流程

在实际工程中，无论是楼板、梁柱的浇筑亦或是门窗、机电等工程的安装，为保障施工质量和施工安全，都应按照一定的工艺流程进行施工。同样，木门窗的安装过程也应按照相应的流程。其工艺流程分为四步：第一步，弹线找规矩；第二步，门窗框安装；第三步，门窗扇安装；第四步，五金配件及纱窗安装。至此，门窗安装结束，须进行成品保护。

2. 弹线找规矩

在最高层找出门窗口边线，用大线坠将门窗口边线下引，检查窗口位置的准确度，并在墙上弹出安装位置线，对个别不符安装位置线的窗口边应进行剔凿处理。门窗口的水平位置应以楼层 +50cm 水平线为准，对不符线的结构边棱进行剔凿处理，往上量出窗下皮标高，弹线找直，每层窗下皮（若标高相同）应在同一水平线上。

3. 木门窗框安装固定

门窗框的施工方法有两种，即先立口和后塞口。

采用先立口进行安装时，当砖墙砌到室内地坪时，立门框，砌到窗台时，立窗框，并用撑杆临时支撑。砌墙过程中不要碰动支撑，并应随时对门窗框进行校正，防止门窗框出现位移、歪斜等现象。砌到放木砖位置时，要校核是否垂直，若有不直，在放木砖时要随时纠正。立框时，应特别注意门窗的开启方向，并严格按照设计图纸施工（见图 2 –1、图 2 –2）。

采用后塞口进行施工时，按照设计图纸预留洞口时，应比门窗大 30 ~40mm（每边大 15 ~20mm），砌墙时，洞孔联测按规定砌入木砖，约为半砖大小，间距不大于 1. 2m，每侧 2 ~3 块，安装门窗框时，先将门窗框塞入洞口，再用木楔临时固定，校正无误后，用钉子把门窗框钉牢在木砖上（见图 2 –3、图 2 –4）。

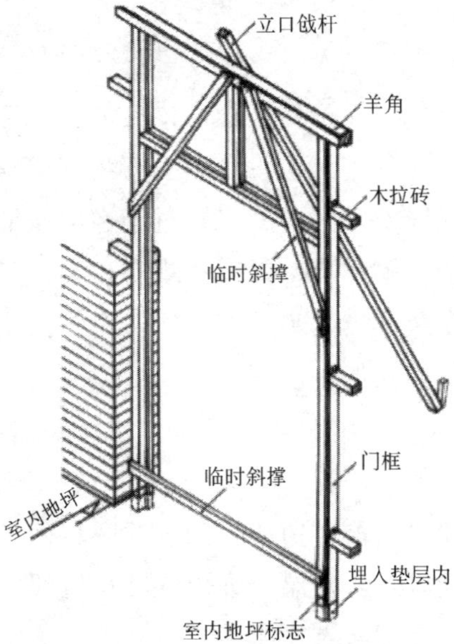

图 2－1　门框立口安装

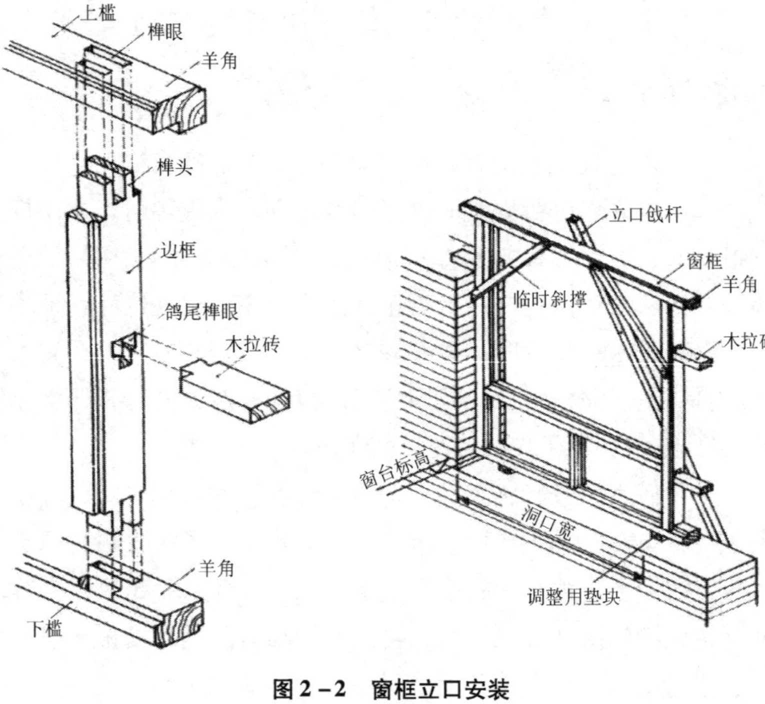

图 2－2　窗框立口安装

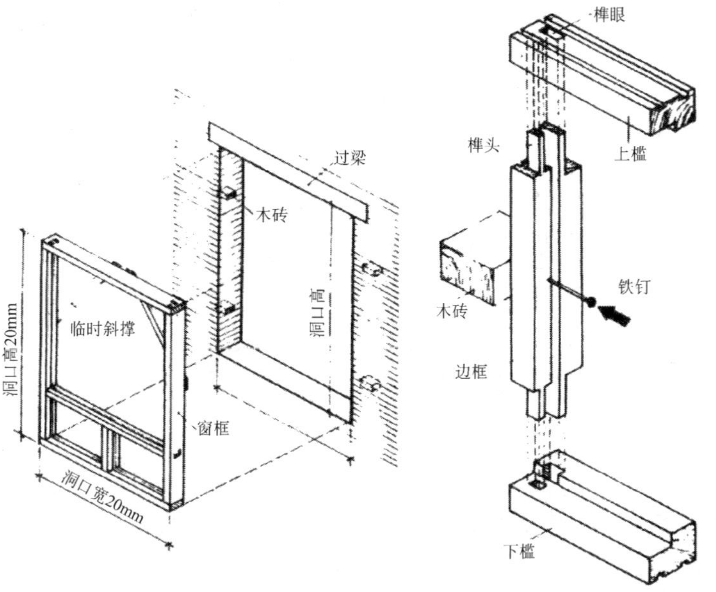

图 2－3 窗框塞口安装

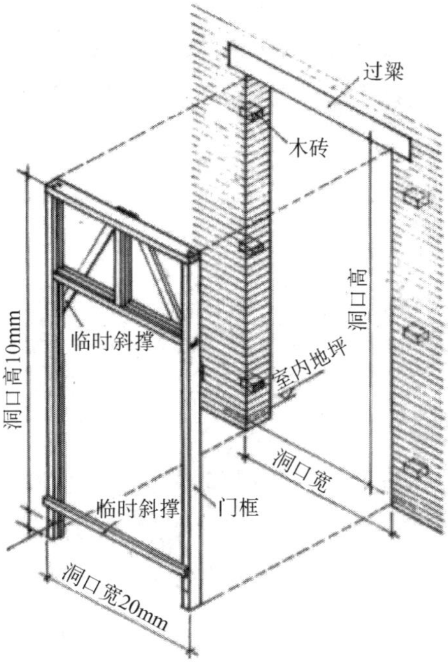

图 2－4 门框塞口安装

固定好之后，用保温材料填嵌门窗框与砖墙或混凝土墙间的缝隙，用密封膏填嵌墙体与门窗框边的缝隙。

4. 木门窗扇安装

首先，确定门窗的开启方向及小五金型号、安装位置，对开门扇、窗扇扇口的裁口位置及开启方向一般右扇为盖口扇。

检查门窗口尺寸是否正确；边角是否方正，有无窜角，检查门窗口高度应量门窗的两个立边，检查门窗口宽度应量门窗口的上、中、下三点，并在扇的相应部位定点划线。

将门窗扇靠在框上划出相应的尺寸线，如果扇大，则应根据框的尺寸将大出的部分刨去；若扇小，应绑木条，且木条应绑在装合页的一面，用胶粘合后并用钉子钉牢，钉帽要砸扁，顺木纹送入框内 1 ~ 2mm。

门窗扇第二次修刨，缝隙尺寸合适后，即安装合页。应先用线勒子勒出合页的宽度，根据上、下皁头 1/10 的要求，定出合页安装边线，分别从上、下边线往里量出合页长度，剔合页槽，以槽的深度来调整门窗扇安装后与框的平整，刨合页槽时应留线，不应剔得过大、过深。

合页槽剔好后，即安装上、下合页，安装时应先拧一个螺丝，然后关上门窗检查缝隙是否合适、口与扇是否平整，无问题后方可将螺丝全部拧上拧紧。木螺丝应钉入全长 1/3，拧入 2/3，如木门窗为黄花松或其他硬木时，安装前应先打眼，眼的孔径为木螺丝直径的 0. 9 倍，眼深为螺丝长的 2/3，打眼后再拧螺丝，以防安装劈裂或将螺丝拧断。

安装对开扇时，应将门窗扇的宽度用尺量好，再确定中间对口缝的裁口深度。如采用企口榫时，对口缝的裁口深度及裁口方向应满足装锁的要求，然后将四周刨到准确尺寸。

五金安装应符合设计图纸的要求，不得遗漏，一般门锁、碰珠、拉手等距地高度为 95 ~ 100cm，插销应在拉手下面。对开门装

暗插销时，安装工艺同自由门。

安装玻璃门时，一般玻璃裁口在走廊内，厨房、厕所玻璃裁口在室内。

门扇开启后易碰墙，为固定门扇位置，应安装门碰头，对有特殊要求的关闭门，应安装门扇开启器，其安装方法参照“产品安装说明书”的要求。

5. 质量标准

为保障木门窗制作和安装的安全及合理，其制作安装过程应符合以下要求：

（1）木门窗的木材品种、材质等级、规格、尺寸、框扇的线型及人造木板的甲醛含量应符合设计要求。设计未规定材质等级时，所用木材的质量应符合《木门窗》（GBT 29498－2013）附录A的规定。

（2）木门窗采用烘干的木材，含水率应符合《建筑木门木窗》(JG/T 122－2000 的规定)。

（3）木门窗的防火、防腐、防虫处理应符合设计要求。

（4）木门窗的结合处和安装配件处不得有木节或已填补的木节。木门窗如有允许限值以内的死节及直径较大的虫眼时，应用同一材质的木塞加胶填补。对于清漆制品，木塞的木纹和色泽应与制品一致。

（5）门窗框和厚度大于50mm的门窗扇应用双连接。槽应采用胶料严密嵌合，并应用胶楔加紧。

（6）胶合板门、纤维板门和模压门不得脱胶。胶合板不得刨透明表层单板。制作胶合板门、纤维板门时，边框和横楞应在同一平面上，面层、边框及横楞应加压胶结。横楞和上、下冒头应各钻两个以上的透气孔，透气孔应通畅。

（7）木门窗的品种、类型、规格、开启方向、安装位置及连接方式应符合设计要求。

（8）木门窗框的安装必须牢固。预埋木砖的防腐处理、木门窗框固定点的数量、位置及固定方法应符合设计要求。

(9) 木门窗扇必须安装牢固，并应开关灵活，关闭严密，无倒翘。

(10) 木门窗配件的型号、规格、数量应符合设计要求，安装应牢固，位置应正确，功能应满足使用要求。

(11) 木门窗表面应洁净，不得有刨痕、锤印。

(12) 木门窗的割角、拼缝应严密平整。门窗框、扇裁口应顺直，刨面应平整。

(13) 木门窗上的槽、孔应边缘整齐，无毛刺。

(14) 木门窗与墙体间缝隙的填嵌材料应符合设计要求，填嵌应饱满。寒冷地区外门窗（或门窗框）与砌体间的空隙应填充保温材料。

(15) 木门窗的披水、盖口条、压缝条、密封条的安装应顺直，与门窗结合应牢固、严密。

(16) 木门窗制作的允许偏差和检验方法应符合表2-1的规定。

表2-1　　木门窗制作的允许偏差和检验方法

项次	项　目	构件名称	允许偏差（mm）		检验方法
			普通	高级	
1	翘　曲	框	3	3	将框、扇平放在检查平台上，用塞尺检查
		扇	2	2	
2	对角线长度差	框、扇	3	2	用钢尺检查，框量裁口里角，扇量外角
3	表面平整度	扇	2	2	用1m靠尺和塞尺检查
4	高度、宽度	框	0；-2	0；-1	用钢尺检查，框量裁口里角，扇量外角
		扇	+2；0	+1；0	
5	裁口、线条结合处高低差	框、扇	1	0.5	用钢直尺和塞尺检查
6	相邻棂子两端间距	扇	2	1	用钢直尺检查

（17）木门窗安装的留缝限值、允许偏差和检验方法应符合表2－2的规定。

表2－2　　木门窗安装的留缝限值、允许偏差和检验方法

项次	项　目		留缝限值（mm）		允许偏差（mm）		检验方法
			普　通	高　级	普　通	高　级	
1	门窗槽口对角线长度差		—	—	3	2	用钢尺检查
2	门窗框的正、侧面垂直度		—	—	2	1	用1m垂直检测尺检查
3	框与扇、扇与扇接缝高低差		—	—	2	1	用钢尺和塞尺检查
4	门窗扇对口缝		1～2.5	1.5～2	—	—	用塞尺检查
5	工业厂房双扇与侧框间留缝		2～5	—	—	—	
6	门窗扇与上框间留缝		1～2	1～1.5	—	—	
7	门窗扇与侧框间留缝		1～2.5	1～1.5	—	—	
8	窗扇与下框间留缝		2～3	2～2.5	—	—	
9	门扇与下框间距		3～5	3～4	—	—	
10	双层门窗内外框间距		—	—	4		
11	无下框时门扇与地面间留缝	外　门	4～7	5～6	—		用塞尺检查
		内　门	5～8	6～7	—		
		卫生间门	8～12	8～10	—		
		厂房大门	10～20	—	—		

2.3.2　金属门窗安装

金属门窗可以分类为铝合金门窗、钢门窗、涂色镀锌钢板门窗等，各类门窗的施工工艺大致相同。现今金属门窗的应用越来越广泛，金属门窗的安装工艺也成为我们每一个门窗安装工人需要掌握的技能。

1. 工艺流程

金属门窗的安装工艺流程与木门窗安装的工艺流程大致相同，其主要由以下几步构成：第一步，弹线找规矩；第二步，立门窗框；第三步，校正、固定；第四步，填嵌密封；第五步，门窗扇安装；第六步，五金配件安装；第七步，清理并保护成品。

2. 弹线找规矩

（1）弹放垂直控制线：按设计要求，从顶层至首层用大线坠或经纬仪吊垂直，检查外立面门、窗洞口位置的准确度，并在墙上弹出垂直线，出现偏差超标时，必须先对其进行处理。室内用线坠吊垂直弹线。

（2）弹放水平控制线：门、窗的标高应根据设计标高，结合室内标高控制线进行放线。在同一场所的门、窗，要拉通线或用水准仪进行检查，使门、窗安装标高相对一致。

（3）弹墙厚度方向的位置线：按设计位置并应考虑墙面抹灰的厚度（按墙面冲筋确定抹灰厚度）。根据设计的门窗位置尺寸及开启方向，在墙上弹出安装位置线。

3. 立门窗框

（1）按图纸中要求的型号、规格及开启方向等，将所需的金属门窗搬运到安装地点，并垫靠稳当。

（2）将金属门窗立于图纸要求的安装位置，用木楔临时固定，将其铁脚插入预留孔中，然后根据门窗边线、水平线及距外墙皮的尺寸进行支垫，并用托线板靠吊垂直。门窗框装入洞口临时就位时，按照划好的门窗定位线将门窗框调整至横平竖直，再用螺钉将门窗与副框连接牢固；金属门窗就位时，应保证金属门窗上框距过梁要有 20mm 缝隙，距外墙皮尺寸符合图纸要求。

（3）不带副框的金属门窗框与墙体的连接和副框与墙体的连

接方法一样。金属门框的安装根据门的种类不同采取不同的固定方法，门的上边框、侧边框及平开门下边框采用以下三种方法：墙体上有预埋铁件时，可直接将连接件与预埋铁件焊牢，焊接处应进行防锈处理；无预埋件时，用膨胀螺栓将连接件固定到墙上；当洞口为钢筋混凝土墙体时，可用射钉将连接件固定到墙上。副框经检查合格后，将副框四周与洞口之间的缝隙用水泥砂浆分层填实抹平（见图2-5、图2-6）。

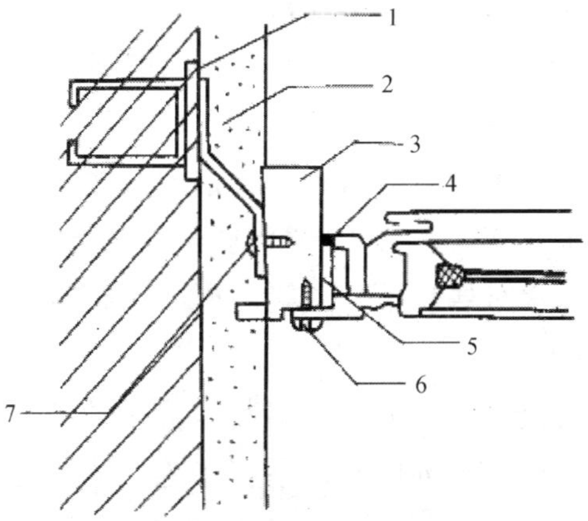

1. 预埋铁件　2. 砂浆　3. 副框　4. 密封胶
5. 塑料垫板　6. 自攻螺丝　7. 自攻螺丝

图2-5　带副框金属门窗安装节点图

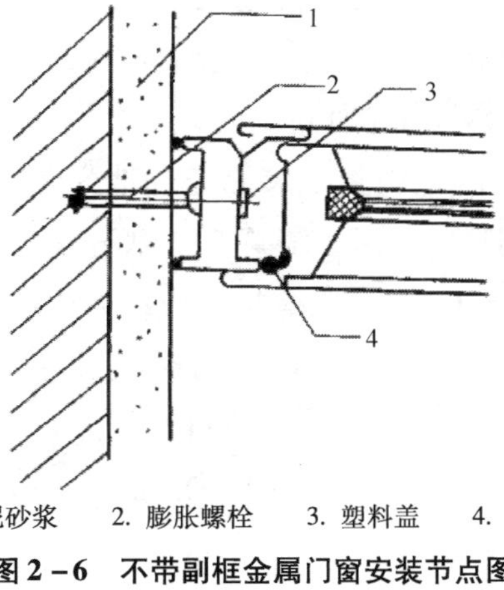

1. 水泥砂浆　2. 膨胀螺栓　3. 塑料盖　4. 密封胶

图2-6　不带副框金属门窗安装节点图

（4）推拉门的下边框在做完防腐处理后可直接埋入地面混凝土中；地弹簧门无下框，边框防腐处理后直接固定于地面中，地弹簧也埋于地面中，并用水泥浆固定。铝合金窗设计有要求时，安装前按设计要求将披水固定在铝合金窗上，位置准确，安装牢固。

4. 校正、固定

（1）连接件在主体结构上的固定通常有以下几种方法：

① 洞口预埋铁件，可将连接件直接焊牢于埋件上。进行焊接操作时，严禁在金属门窗框上接地打火，并应用石棉布保护好门窗框，特别是铝框。

② 洞口墙体上预留槽口，可将钢门窗框上的连接件埋入槽口内，用 C25 细石混凝土或 1∶2 水泥砂浆浇填密实。

③ 如设计有金属副框，金属副框的连接方法同①，再将门窗固定在金属副框上。

④ 洞口为砖砌（实心砖）结构，应用冲击钻钻入直径不小于 10mm，深不小于 60mm 的孔，用膨胀螺栓紧固连接件，不得采用射钉连接。

⑤ 洞口为混凝土墙体但未预埋铁件或预留槽口，其门窗框上的连接件可用射钉连接。

⑥ 洞口为空心砖、加气混凝土砖等轻质墙，用膨胀螺栓或射钉固定在预埋的混凝土块上。不允许采用射钉或膨胀螺栓直接连接空心砌块、加气混凝土砖上。

（2）自由门的地弹簧安装，应在地面预留地槽，在门扇与地弹簧安装尺寸调整准确后，浇筑 C25 细石混凝土固定。

（3）铝合金门边框和中竖框，应埋入地面以下 20～50mm；组合窗拼樘料立柱上、下端连接方式应符合设计要求，并连接牢固。

（4）门、窗框连接件采用射钉、膨胀螺栓等紧固时，其紧固件离墙（梁、柱）边缘不得小于 50mm，且应错开墙体缝隙，以防紧固失效。

（5）金属推拉门窗扇，根据规范要求门窗扇安装必须有防脱落措施。

5. 填嵌密封

（1）金属门窗固定后，应先进行隐蔽工程验收，合格后及时按设计要求处理门窗框与墙体之间的缝隙。窗框与墙体之间的缝隙应按设计要求使用软质保温材料进行填嵌。如设计无要求时，则应选用泡沫型塑料条、泡沫聚氨酯条、矿棉条等保温材料分层填嵌饱满。

（2）填充建筑外门窗与洞口之间的缝隙内腔以及副框与洞口之间的缝隙内腔，应采用聚氨酯发泡密封胶等隔热隔声材料；密封建筑外门窗的室外防雨水槽应采用中性硅酮系列密封胶，不得采用丙烯酸密封膏。

（3）带副框的建筑门窗，其连接处应采用硅酮系列密封胶；铝合金无副框缝隙当采用低碱性水泥砂浆或细石混凝土填嵌缝隙时，应对铝合金门窗框四周外表面进行防腐处理。填嵌时不可用力过大，以免窗框受力后变形。

（4）框边外表面留出 5 ~ 8mm 深的槽口，用密封胶封平整。

6. 门窗扇安装

门窗扇和门窗玻璃应在洞口墙体表面装饰完工后安装。门窗扇和门窗框是按同一洞口尺寸制作的，在一般情况下都能顺利安装上，但要求周边密封，开启灵活。开启扇分为平开、推拉等类别。

在进行铝合金门门扇安装时，内外平开门在门上框钻孔伸入门轴，门下面地里埋设地脚，装置门轴。弹簧门上部的做法与平开门相同，而在下部埋地弹簧，地面需预先留洞或后开洞，地弹簧埋设后要与地面平齐，然后灌注细石混凝土，再抹平地面。地弹簧的摇臂与门扇下冒头两侧拧紧。推拉门要在上框内做导轨和滑轮，也有的在地面上做导轨，在门扇下冒头处做滑轮。自动门的控制装置有脚踏式，一般装地面上，其光电感应控制开关设备装于框上。

在进行铝合金窗窗扇安装时，对于推拉窗，在塞口水泥浆固结后，撕下保护胶带纸，便可进行窗扇安装。在安装之前，需检查窗扇上各密封毛条有无少装或脱落现象，若有，应用玻璃胶或其他橡胶类胶水粘结，然后用螺钉旋具拧旋边框侧的滑轮调节螺钉，使滑轮向下横档槽内回缩，这样既可以托起窗扇，使其顶部插入窗框的上滑槽中，使滑轮卡在下滑的滑轮轨道上，然后拧旋滑轮调节螺钉，使滑轮从下横档内外伸。平开窗窗扇与风撑进行连接，其连接点有两个：一是风撑的小滑块，二是风撑的支杆，这两点又是定位在一个连杆上，与窗扇框固定连接。该连杆与窗扇固定时，先要移动连杆，使风撑开启到最大位置，然后将窗扇框与连杆固定。

7. 五金配件安装

（1）检查窗扇开启是否灵活，关闭是否严密，如有问题，必须调整后再安装。

（2）执手零件的螺孔处配置合适的螺钉，将螺钉拧紧。当螺钉与螺孔位置不吻合时，可略挪动位置，重新攻丝后再安装。

（3）安装金属门窗须专用密封胶条或高分子密封材料。

（4）钢门锁的安装按说明书及施工图要求进行，安好后，锁应开关灵活。

（5）用双头螺杆将门拉手安装在门扇边框两侧。

8. 质量标准

金属门窗的品种、类型、规格、尺寸、性能、开启方向、安装位置、连接方式及铝合金门窗的型材壁厚应符合设计要求。金属门窗的防腐处理及填嵌、密封处理应符合设计要求。金属门窗框和副框的安装必须牢固。预埋件的数量、位置、埋设方式、与框的连接方式必须符合设计要求。金属门窗扇必须安装牢固，并应开关灵活、关闭严密、无倒翘。推拉门窗扇必须有防脱落措施。金属门窗

配件的型号、规格、数量应符合设计要求，安装应牢固，位置应正确，功能应满足使用要求。

金属门窗表面应洁净、平整、光滑，色泽一致，无锈。大面应无划伤、碰伤。漆膜或保护层应连续。铝合金门窗推拉门窗扇开关力应不大于100N。金属门窗框与墙体之间的缝隙应填嵌饱满，并采用密封胶密封。密封胶表面应光滑、顺直，无裂纹。金属门窗扇的橡胶密封条或毛毡密封条应安装完好，不得拖槽。有排水孔的金属门窗，排水孔应通畅，位置和数量应符合设计要求。钢门窗安装的留缝限值、允许偏差的检验方法应符合表2－3的规定。

表2－3　　钢门窗安装的留缝限值、允许偏差和检验方法

项次	项目		留缝限值（mm）	允许偏差（mm）	检验方法
1	门窗槽口宽度、高度	≤1 500mm	—	2.5	用钢尺检查
		>1 500mm	—	3.5	
2	门窗槽口对角线长度差	≤2 000mm	—	5	用钢尺检查
		>2 000mm	—	6	
3	门窗框的正、侧面垂直度		—	3	用1m垂直检测尺检查
4	门窗横框的水平度		—	3	用1m水平尺和塞尺检查
5	门窗横框标高		—	5	用钢尺检查
6	门窗竖向偏离中心		—	4	用钢尺检查
7	双层门窗内外框间距		—	5	用钢尺检查
8	门窗框、扇配合间隙		≤2	—	用塞尺检查
9	无下框时门扇与地面间留缝		4～8	—	用塞尺检查

铝合金门窗安装的允许偏差和检验方法应符合表2－4的规定。

表 2－4　　铝合金门窗安装的允许偏差和检验方法

项次	项目		允许偏差（mm）	检验方法
1	门窗槽口宽度、高度	≤1500mm	1.5	用钢尺检查
		>1500mm	2	
2	门窗槽口对角线长度差	≤2000mm	3	用钢尺检查
		>2000mm	4	
3	门窗框的正、侧面垂直度		2.5	用垂直检测尺检查
4	门窗横框的水平度		2	用 1m 水平尺和塞尺检查
5	门窗横框标高		5	用钢尺检查
6	门窗竖向偏离中心		5	用钢尺检查
7	双层门窗内外框间距		4	用钢尺检查
8	推拉门窗扇与框搭接量		1.5	用钢直尺检查

涂色镀锌钢板门窗安装的允许偏差和检验方法应符合表 2－5 的规定。

表 2－5　　涂色镀锌钢板门窗安装的允许偏差和检验方法

项次	项目		允许偏差（mm）	检验方法
1	门窗槽口宽度、高度	≤1500mm	2	用钢尺检查
		>1500mm	3	
2	门窗槽口对角线长度差	≤2000mm	4	用钢尺检查
		>2000mm	5	
3	门窗框的正、侧面垂直度		3	用垂直检测尺检查
4	门窗横框的水平度		3	用 1m 水平尺和塞尺检查
5	门窗横框标高		5	用钢尺检查
6	门窗竖向偏离中心		5	用钢尺检查
7	双层门窗内外框间距		4	用钢尺检查
8	推拉门窗扇与框搭接量		2	用钢直尺检查

2.3.3 塑料门窗安装

塑料门窗应采用固定片法安装。对于旧窗改造或构造尺寸较小的窗型，可采用直接固定法进行安装，窗下框应采用固定片法安装。若在安装门窗时玻璃已装在门窗上，宜卸下玻璃（或门、窗扇）并做好标记。

1. 工艺流程

塑料门窗的安装可以分为无副框（湿法作业）的门窗安装及有副框（干法作业）的门窗安装，其中，湿法作业时的门窗框及干法作业时副框的安装均宜在室内粉刷和室外粉刷的找平、刮糙等湿作业完工且硬化后进行，当需要在湿作业前安装时，应采取保护措施。湿法作业和干法作业的安装工序大致相同，其安装工序见表2－6。安装过程中的些许差别将在后文中详细列出。

表2－6 塑料门窗安装工序

序号	门窗类型 工序名称	平开窗	推拉窗	组合窗	平开门	推拉门	连窗门
1	验收洞口	+	+	+	+	+	+
2	补贴保护膜	+	+	+	+	+	+
3	框上找中线	+	+	+	+	+	+
4	装固定片	+	+	+	+	+	+
5	洞口找中线	+	+	+	+	+	+
6	卸玻璃（或门、窗扇）	+	+	+	+	+	+
7	框进洞口	+	+	+	+	+	+
8	调整定位	+	+	+	+	+	+
9	与墙体固定	+	+	+	+	+	+
10	装拼樘料			+			+

续表

序号	门窗类型 工序名称	平开窗	推拉窗	组合窗	平开门	推拉门	连窗门
11	填充弹性材料	+	+	+	+	+	+
12	装窗台面板（石材）	+	+	+			+
13	洞口抹灰	+	+	+	+	+	+
14	清理砂浆	+	+	+	+	+	+
15	嵌　缝	+	+	+	+	+	+
16	打　胶	+	+	+	+	+	+
17	装玻璃（或门、窗扇）	+	+	+	+	+	+
18	安装五金件				+	+	+
19	装纱窗（门）	+	+	+	+		+
20	表面清理	+	+	+	+	+	+
21	撕下保护膜	+	+	+	+	+	+
22	安装质量检查	+	+	+	+	+	+

说明：表中“+”表示要进行此工序。

2. 找中弹线

找中弹线分两步进行。首先，应找出门窗框上的中线，之后测出各洞口中线，并逐一做出标记。若为多层建筑，可从高层一次垂吊找出洞口中线。

3. 门窗框安装固定

门窗框的安装首先应根据施工图确定门窗扇的开启方向和门窗框的安装位置，把门窗框装入洞口，其上下框中线与洞口中线位置对齐，安装时应防止门窗框变形（见图 2－7、图 2－8）。

门窗的上下框四角及横框的对称位置应用木块塞紧做临时固定。当下框长度大于 0.9m 时，其中央也应用木楔塞紧。然后，应

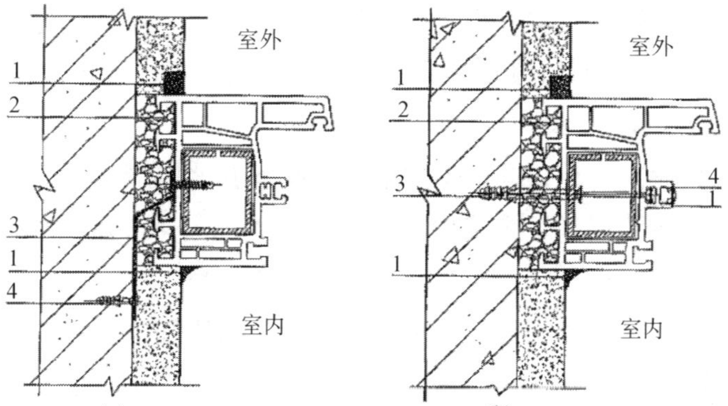

1. 密封胶　2. 聚氨酯发泡胶　1. 密封胶　2. 聚氨酯发泡胶

3. 固定片　4. 膨胀螺钉　3. 膨胀螺钉　4. 工艺孔帽

图 2－7　窗安装节点详图

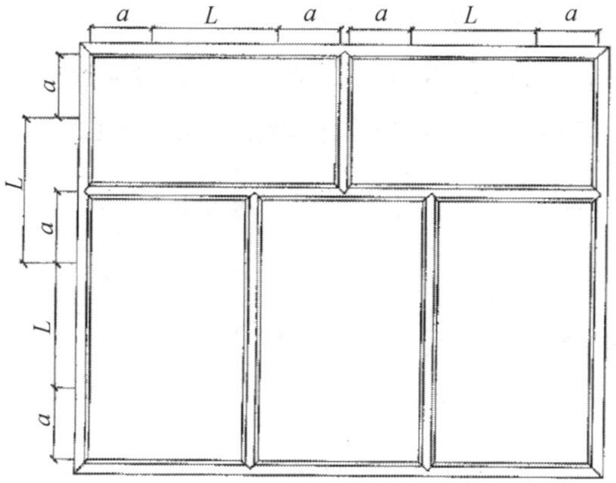

a．端头（或中框）至固定片（或膨胀螺钉）的距离　L．固定片之间的距离

图 2－8　固定片与膨胀螺钉安装位置

按设计图纸确定窗框在洞口墙体厚度方向的安装位置，并用水平尺、掉线锤调整窗框的垂直度、水平度及直角度。

无下框平开门应使两边框的下脚低于地面标高线，其高度差宜为 30mm。带下框平开门或推拉门应使下框上边与高的一侧地面平齐。安装时，应先将上框固定片固定在墙体上，再调整门框的水平度、垂直度和直角度，并用木楔临时定位。

在门窗与墙体固定时，应先固定上下窗框，后固定两侧边框，下框严禁用长脚膨胀螺栓穿透型材固定门窗框。固定方法应分别符合下列要求：

- 混凝土洞口，应采用射钉或塑料膨胀螺丝固定。
- 砖墙洞口，应采用塑料膨胀螺丝或金属膨胀螺丝固定，并不得固定在砖缝处。
- 加气混凝土洞口，应采用木螺钉将固定片固定在预埋胶粘圆木上。
- 钢结构洞口或者设有预埋铁件的洞口应采用焊接的方法固定，也可先在构件或预埋铁件上按照紧固件规格打基孔，然后用紧固件固定。

当中横框承受较大的玻璃或窗扇重力时，同时中横框与上框之间有中竖框，上框与墙洞口应采用防止上框下沉的方法固定，从而有效避免中横框下沉，确保门窗开启灵活（见图2－9）。

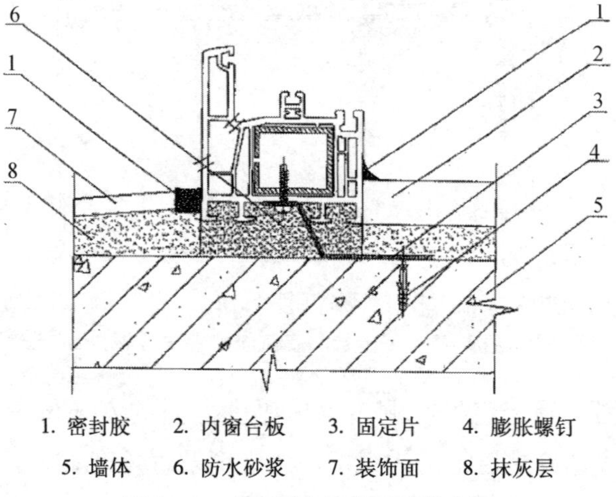

1. 密封胶　2. 内窗台板　3. 固定片　4. 膨胀螺钉
5. 墙体　6. 防水砂浆　7. 装饰面　8. 抹灰层

图2－9　窗下框与墙体固定节点图

安装组合窗时，应采用拼樘料拼接，拼樘料及其洞口的连接应符合下列要求：

（1）门窗拼樘料必须进行抗风压验算。

（2）门窗横向或竖向组合时，应采取倒插。

（3）拼樘料还应上下或左右贯通，两端应与结构层可靠连接。

（4）拼樘料与混凝土过梁或柱子连接时，增强型钢应直接嵌固在门窗洞口边的预留孔内。

（5）拼樘料与砖墙连接时，应先将拼樘料增强型钢两端插入预留洞口内，然后应用强度等级为C20的细石混凝土浇灌固定。

（6）在拼樘料与钢结构洞口及设有预埋铁件的洞口连接时，拼樘料增强型钢应采用焊接连接或在预埋件上按照紧固件规格打基孔，然后用紧固件固定（见图2－10至图2－12）。

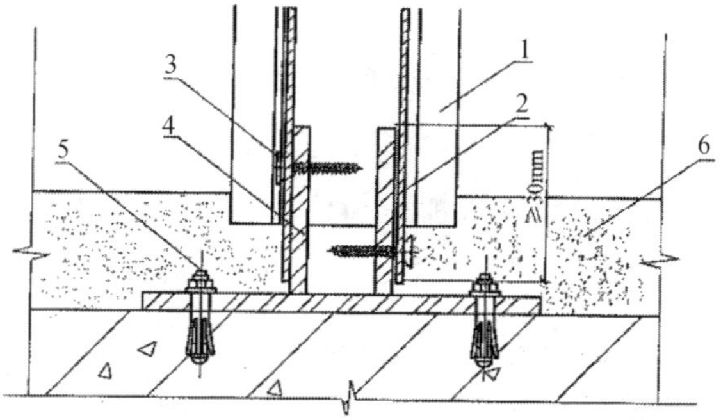

1. 拼樘料　2. 增强型钢　3. 自攻螺钉　4. 连接件
5. 膨胀螺钉或射钉　6. 伸缩缝填充物

图2－10　拼樘料与连接件搭接安装节点图

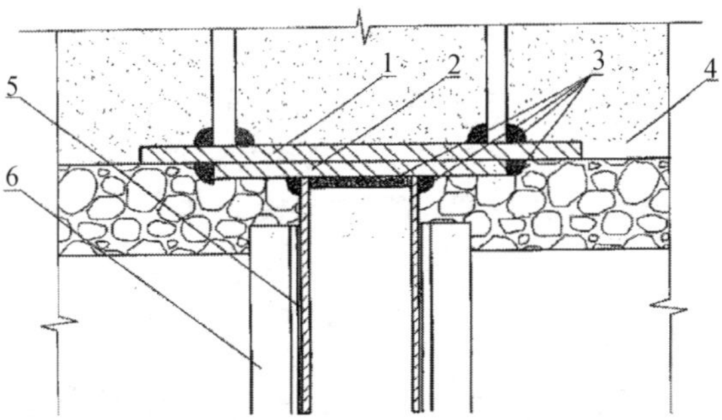

1. 预埋件　2. 调整垫块　3. 焊接点　4. 墙体　5. 增强型钢　6. 拼樘料

图2－11　拼樘料与预埋件搭接安装节点图

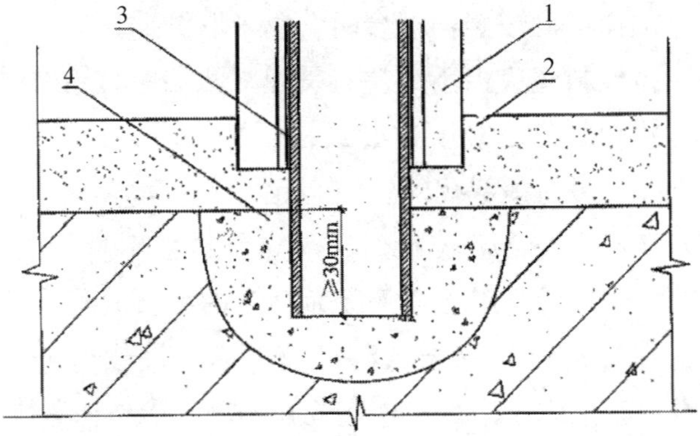

1. 拼樘料　2. 伸缩缝填充物　3. 增强型钢　4. 水泥砂浆

图 2－12　预留洞口法拼樘料与墙体固定

将两门（窗）框与拼樘料卡接时，应用紧固件双向拧紧，其间距应不大于600mm，单件紧固点不少于3个；距两端间距不大于180mm；紧固件端头及拼樘料与门（窗）框间的缝隙应采用嵌缝膏进行密封处理（见图2－13、图2－14）。

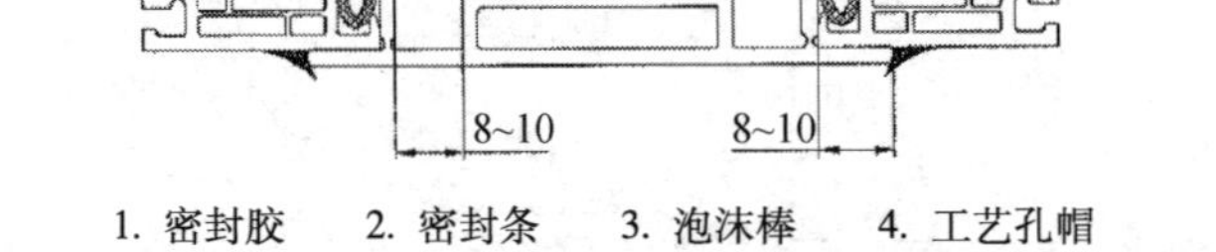

1. 密封胶　2. 密封条　3. 泡沫棒　4. 工艺孔帽

图 2－13　拼樘料连接节点图

4. 填嵌密封

门窗洞内外侧与门窗框之间的缝隙应进行如下处理：

（1）普通玻璃窗、门：洞口内外侧与门窗框之间用水泥砂浆或麻刀白灰浆填实抹平；靠近铰链一侧，灰浆压住门窗框的厚度以

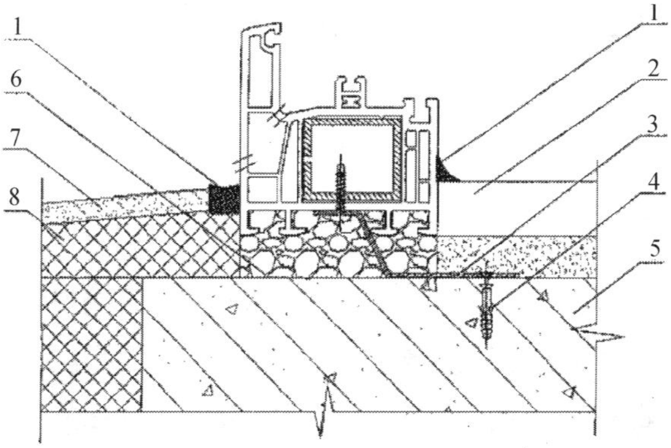

1. 密封胶　2. 内窗台板　3. 固定片　4. 膨胀螺钉　5. 墙体
6. 聚氨酯发泡胶　7. 防水砂浆　8. 保温材料

图 2-14　外保温墙体窗下框安装节点图

不影响扇的开启为限，待水泥砂浆或麻刀灰浆硬化后，外侧用嵌缝膏进行密封处理。

（2）保温、隔声门窗：洞口内侧与窗框之间用水泥砂浆或麻刀白灰浆填实抹平；当外侧抹灰时，应用片材将抹灰层与门窗框临时隔开，其厚度为 5mm，抹灰层应超出门窗框，其厚度以不影响扇的开启为限。待外抹灰层硬化后，撤去片材，将嵌缝膏挤入抹灰层与门窗框缝隙内。

5. 门窗扇安装

门窗扇应待水泥砂浆硬化后安装。安装平开门窗时，宜将门窗扇吊高 2~3mm，门扇的安装宜采用可调节门铰链，安装后门铰链的调节余量应放在最大位置。平开门窗固定合页（铰链）的螺钉宜采用自钻自攻螺钉。门窗安装后，框扇应无可视变形，门窗扇关闭应严密，搭接量应均匀，开关应灵活。铰链部位配合间隙的允许偏差及框、扇的搭接量、开关力等应符合国家相应规范要求，门窗合页（铰链）螺钉不得外露。推拉门窗扇必须有防脱落装置，推拉门窗安装后，框扇应无可视变形，门窗扇关闭应严密，开关应灵活。窗扇与窗框上下搭接量的实测值（导轨顶部装滑轨时，应减去滑轨高度）均不应小于6mm。门窗与门框上下搭接量的实测值（导轨顶部装滑轨时，应减去滑轨高度）均不应小于8mm。

6. 五金配件安装

安装五金配件时，应将螺钉固定在内衬增强型钢或内衬局部加强钢板上，或使螺钉至少穿过塑料型材的两层壁厚。紧固件应采用自钻自攻螺钉一次钻入固定，不得采用预先打孔的固定方法。五金件应齐全，位置应准确，安装应牢固，使用应灵活，达到各自的使用功能。平开窗高度大于900mm时，窗扇锁闭点不应少于2个。

安装滑撑时，紧固螺钉必须使用不锈钢材质，并应与框扇增强型钢或内衬加强局部钢板可靠连接。螺钉与框扇连接处应进行密封处理。

安装门锁与执手等五金配件时，应将螺钉固定在内衬加强型钢或内衬局部加强钢板上，五金件应齐全，位置应正确，安装应牢固，使用应灵活，达到各自的使用功能。

纱窗应固定牢固，纱窗关闭应严密。安装五金件、纱窗铰链及锁扣后，应整理纱网和压实压条。

7. 质量标准

塑料门窗的品种、类型、规格、尺寸、开启方向、安装位置、连接方式及填嵌密封处理应符合设计要求，内衬增强型钢的壁厚及设置应符合国家现行产品标准的质量要求。

塑料门窗框、副框和扇的安装必须牢固。固定片或膨胀螺栓的数量与位置应正确，连接方式应符合设计要求。固定点应距窗角、中横框、中竖框150~200mm，固定点间距应不大于600mm。

塑料门窗拼樘料内衬增强型钢的规格、壁厚必须符合设计要求，型钢应与型材内腔紧密吻合，其两端必须与洞口固定牢固。窗框必须与拼樘料连接紧密，固定点间距应不大于600mm。

塑料门窗应开关灵活，关闭严密，无倒翘。推拉门窗扇必须有

防脱落措施。

塑料门窗配件的型号、规格、数量应符合设计要求，安装应牢固，位置应正确，功能应满足使用要求。

塑料门窗框与墙体间缝隙应采用闭孔弹性材料填嵌饱满，表面应采用密封胶密封。密封胶应粘结牢固，表面应光滑、顺直、无裂纹。

塑料门窗表面应洁净、平整、光滑，大面应无划痕、碰伤。塑料门窗扇的密封条不得脱槽。旋转窗间隙应基本均匀。

塑料门窗扇的开关力应符合下列规定：平开门窗扇铰链的开关力应不大于80N；滑撑铰链的开关力应不大于80N，并不小于30N。推拉门窗扇的开关力应不大于100N。

玻璃密封条与玻璃及玻璃槽口的接缝应平整，不得卷边、脱槽。排水孔应畅通，位置和数量应符合设计要求。

塑料门窗安装的允许偏差和检验方法应符合表2－7的规定。

表2－7　　塑料门窗安装的允许偏差和检验方法

项次	项目		允许偏差（mm）	检验方法
1	门窗槽口宽度、高度	≤1500mm	2	用钢尺检查
		＞1500mm	3	
2	门窗槽口对角线长度差	≤2000mm	4	用钢尺检查
		＞2000mm	5	
3	门窗框的正、侧面垂直度		3	用1m垂直检测尺检查
4	门窗横框的水平度		3	用1m水平尺和塞尺检查
5	门窗横框标高		5	用钢尺检查
6	门窗竖向偏离中心		5	用钢尺检查
7	双层门窗内外框间距		4	用钢尺检查
8	同樘平开门窗相邻扇高度差		2	用钢直尺检查
9	平开门窗铰链部位配合间隙		+2；－1	用塞尺检查
10	推拉门窗扇与框搭接量		+1.5；－2.5	用钢直尺检查
11	推拉门窗扇与竖框平行度		2	用1m水平尺和塞尺检查

2.3.4 特种门安装

特种门窗种类也比较繁多。特种门应用范围也很广泛，比如变压器室钢门窗、有放射线室门窗、配变电所钢大门、保温门、隔声门、冷藏库门、防火门、防盗门、自动门、全玻门、旋转门、金属卷帘门等。此类门窗的安装与普通木门窗、金属门窗、塑料（塑钢）门窗的安装有一定的区别。当下，随着社会发展进程速度的加快，特种门窗的使用越来越广泛，为此，门窗工须熟练掌握此类门窗的安装方法和质量标准，以保证工程安全和质量达标。

1. 工艺流程

根据特种门窗种类的不同，其工艺流程将会出现些许的差别，因此分别介绍几种常用特种门窗的工艺流程。

（1）钢防火门：弹线→立门框、临时固定→固定门框→填嵌密封→门扇安装→安装五金配件→清理。

（2）防盗门：弹线→立门框、临时固定→固定门框→填嵌密封→门扇安装→安装五金配件→安装门铃、报警器→清理。

（3）自动门：弹线→地面轨道埋设或定位器安装→安装横梁→门扇安装→安装调整测试→机箱饰面板安装→清理。

（4）全玻门：

① 固定门扇全玻门：弹线→裁割玻璃→门框顶玻璃限位槽→底部底托→玻璃板安装→注胶→清理。

② 活动门扇全玻门：弹线→裁割玻璃→装配、固定上下横档→顶轴套、回转轴套安装→顶轴、地弹簧安装→门扇安装→调校→安拉手、装锁→清理。

（5）旋转门：弹线→门框安装→安装转轴→安装门顶与转壁→转壁调整→焊座→定壁→镶嵌玻璃→调试→揭膜→清理。

从上述各类特种门施工工艺流程中可以发现，虽然各类特种门的工艺流程有所区别，但并不是很大，只要我们掌握其中的方式方法，举一反三，就可以轻松地掌握各类特种门的安装工艺。

2. 弹线找规矩

安装特种门时，弹线找规矩与其他门窗安装时弹线找规矩的方法大致相同，均为依照设计图纸要求，在墙上弹出门框安装位置的垂直线和水平线。其中，在安装自动门的时候，首先应准确测量室内、外地坪标高，之后按设计图纸规定尺寸复核土建施工预埋件等的位置，最后在墙上弹出门框安装位置的垂直线和水平线。

3. 安装固定

特种门的安装固定也因门的类别不同而有所差别。钢防火门、防盗门在进行安装固定时，首先应进行临时固定。其中，钢防火门临时固定方法为先按门洞口弹出的位置线和水平线，将钢门框放入门洞口内，并用木楔进行临时固定，之后调整钢门框的前后、左右、上下位置，经核查无误后，用木楔塞紧；防盗门在临时固定时先将门框放到安装位置线上，用水平尺将门框调平，用托线板将门框找直，并调整进出距离。在校正过程中，应采用对角线尺测量框内对角线差，使周边缝隙均匀。各个方向调整符合要求后，用木楔临时固定。

（1）临时固定完成后，按设计图纸要求固定门框及附属构件。

① 将钢门框上的连接件与门洞口内的预埋件焊接牢固。门框安装宜将框埋入地面以下 20mm，需要保证框口上下尺寸相同，允许误差小于 1.5mm，对角线允许误差小于 2mm，再将框与预埋件焊牢。在框两上角墙上开洞，向框内灌注 M10 水泥砂浆。

② 根据防盗门的安装说明书要求确定门框两侧固定点的数量，但最少不得少于 6 个安装点。门框固定可采用金属膨胀螺栓与墙体固定，也可与砌筑墙体中的预埋件直接焊接。

③ 旋转门门框按洞口左右、前后位置尺寸与预埋件固定，使

其保持水平。之后，安装转轴，按设计要求固定转轴底座，底座下面必须垫实，不可下沉，临时点焊上轴承座，使转轴垂直于地坪面。接下来安装圆门顶和转壁，但不固定转壁，以便调整它与活扇的间隙。装门扇时应保持90°夹角，且上下留有一定的空隙，门扇下皮距地5～10mm，利用拖地橡胶条或毛刷密封。调整转壁位置，使门扇与转壁之间有适当缝隙，尼龙毛条能起到有效地密封作用。焊上轴承座，用混凝土固定底座。然后，埋设插销下壳，固定转壁。旋转门与弹簧门或其他门型组合时，可先安装其他组合部分。

④ 安装自动门时，首先应进行地面轨道埋设或定位器安装，当有下轨道的自动门安装在土建施工地坪时，应在地面预埋50mm×75mm方木条。安装自动门时，撬出方木条埋设自动门地面导向轨道，其长度为开启门宽的两倍。如果没有轨道，则安装定位器，在地面铺设完成、砂浆凝固后打眼，用塑料膨胀管安装定位器。之后，安装横梁：当两端支座为砖砌墙体时，应在砖墙内设置水平预埋件，横梁搁置在预埋件上并水平焊接；当为混凝土结构时，横梁应与垂直预埋件焊接牢固；当为空心砖、加气混凝土砌块时，横梁的安装严格按设计要求安装。横梁与下轨应安装在同一垂直面上。

⑤ 安装固定门扇全玻门时，需要先按照宽度大于所用玻璃厚度的2～4mm、槽深10～20mm留设门框顶部的玻璃限位槽。之后，对于不锈钢或钢饰面的木底托，可用木方条加钉的方法固定于地面，然后再用万能胶或玻璃胶将不锈钢饰面板粘卡在木方上；若为铝合金方管，可用铝角将其固定在框柱上，或用木螺钉固定于埋入地面的木楔上。活动门扇全玻门的安装，则需先装配固定上下横档，上下横档安装在门扇玻璃的上下两端，在玻璃板与金属横档内的两侧空隙处同时放入等宽木压条进行初步限位，并在木压条、门扇玻璃及横档之间的缝隙中注入玻璃胶；之后安装顶轴套和回转轴套，两者的轴孔中心必须在同一直线上，并与地面垂直；最后安装顶轴和地弹簧，为保障顶轴面板与门框面平齐，可先从顶轴中心吊一垂线到地面，找出地弹簧回转轴中心位置，同时保持地弹簧面板

同门扇垂直并与地面保持同一标高，然后将地弹簧外壳用混凝土浇固。

⑥ 安装金属卷帘门时，首先将连接垫板焊固在墙体预埋件上，用螺栓固定卷筒体的两端支架，安放卷筒。之后，安装减速器和驱动部分，紧固件应镶紧，不得有松动现象。熟悉并掌握电气原理图，根据产品说明书安装电气控制装置。在安装好传动系统和电气控制系统后、尚未装上帘板之前，应接线进行空载试车。卷筒必须转动灵活，调试减速器使其转速适宜。最后安装导轨，可按以下两步进行：

A. 找直、吊正，槽口尺寸应准确，上下保持一致，对应槽口应在同一平面内。

B. 根据已弹好的导轨安装位置线，将导轨焊牢于洞口两侧及上方的预埋件上并焊成一体，各条导轨必须在同一垂直平面上。

（2）门框及附属构件固定完成后，即可进行门扇、玻璃和五金配件的安装。

① 钢防火门进行门扇安装时，合页临时固定在钢门扇的合页槽中，将钢门扇塞入门框内，合页的另一页嵌入钢门框上的合页槽内，调整无误后，拧紧合页上的全部螺栓。之后，在拉手零件的螺孔处配置合适的螺栓，将螺栓拧紧。当螺栓与螺孔位置不吻合时，可略挪动位置，重新攻丝后再安装。

② 防盗门进行门扇安装时，应在洞口粉刷干燥后再进行安装，门扇应在拉力作用下启闭灵活、自如。折叠门收缩或开启方便，整体动作一致。当框扇一体时，无此工序。对于防盗门的拉手、防盗锁、观察孔等五金配件，应按防盗门产品说明书进行安装，最后有效、完善地安装多功能防盗门的密码防护锁、门铃、报警装置等。

③ 自动门门扇安装应按照产品说明书进行，安上专用滑轮和导向杆（定位销），将门扇关在横梁上，导向杆引入导向轨道内；之后，对探测传感系统和机电装置进行反复多次调试，直至感应灵敏度、探测距离、开闭速度等指标完全达到要求为止；最后，在横

梁上机箱和机械传动装置等安装调试好之后，采用饰面板将结构和设备包装起来。

④ 固定门扇全玻门在安装玻璃板时，应用玻璃吸盘将玻璃板吸紧，然后玻璃板就位。先把玻璃板上边插入门框顶部的限位槽内，然后将其下边安放于木底托上的不锈钢包面对口缝内。在底托上固定玻璃板的方法为：在底托木方上钉木方条，距玻璃板面4mm左右；然后在木方条上涂刷万能胶，将饰面不锈钢板片粘在木方上。

活动门扇全玻门安装时，首先进行门扇定位安装，将门框横梁上的定位销本身的调节螺栓调出横梁平面1～2mm，再将玻璃门扇竖起来，门扇下横档内的转动销连接件孔位对准地弹簧的转动销轴，并转动门扇将孔位套入销轴上，然后将门扇转动90°，使之与门框横梁成直角，把门扇上横档中的转动连接件孔对准门框横梁上的定位销，将定位销插入孔内15mm左右（调动定位销上的调节螺栓）。旋转地弹簧中油泵调节螺钉以调节门扇关闭速度。拉手连接部分插入孔洞时不能很紧，应有松动。安装前，在拉手插入玻璃的部分涂少许玻璃胶；如若插入过松，可在插入部分裹上软质胶带。拉手组装时，其根部与玻璃贴紧后再拧紧固定螺栓。门锁的安装，根据锁的特征确定安装方法。

⑤ 安装旋转门时，采用橡胶条或注胶方法安装玻璃，门扇安装完成后，进行反复调试，确保旋转门旋转平稳、灵活。自动旋转门，对探测传感系统和机电装置应进行反复多次调试，直至感应灵敏度、探测距离、旋转速度等指标完全达到要求为止。全部安装结束后，揭掉保护膜。

⑥ 金属卷帘门在导轨安装完成并空载试车调试结束运转正常后，便可将事先已装配好的卷帘门帘板安装到卷筒上与轴连接。帘板两端的缝隙应均等，不得有擦边现象。之后，安装限位装置和行程开关，并调整簧盒，使其松紧程度合适。完成后，进行负载试车，先通过手动试运行，再用电动机启动卷帘门数次，并做相应的

调整，直至启闭无卡住、无阻滞、无异常噪声等弊病为止。全部调试符合要求后，装上护罩。锁具的安装位置有两种，轻型卷帘门的锁具应安装在座板上，也可安装在距地面约 1m 处。全部安装结束后，装饰门洞口面层，并将门框周围全部清理干净，以便交工验收。

4. 填嵌密封

对防盗门进行填嵌密封时，首先应拔掉木楔，用 M10 水泥砂浆将门框与墙体之间的空隙填实抹平，待填缝砂浆凝固后，即可做洞口的面层粉刷。

对固定门扇全玻门，玻璃门固定部分的玻璃就位以后，即在顶部限位槽处和底部的底托固定处，以及玻璃板与框柱的对缝处等各缝隙处注胶密封。首先，将玻璃胶开封后装入打胶枪内，即用胶枪的后压杆端头板顶住玻璃胶罐的底部；然后一只手托住胶枪身，另一只手握着注胶压柄不断松压循环地操作压柄，将玻璃胶注于需要封口的缝隙端，由需要注胶的缝隙端头开始，顺缝隙匀速移动，使玻璃胶在缝隙处形成一条均匀的直线。最后，用塑料片刮去多余的玻璃胶，用刀片清除胶迹。门上固定部分的玻璃板需要对接时，其对接缝应有 3 ~5mm 的宽度，玻璃板边都要进行倒角处理。当玻璃块留缝定位并安装稳固后，即将玻璃胶注入其对接的缝隙形成凹面，用塑料片在玻璃板对缝的两面把胶刮平，用刀片清除胶迹。

5. 质量标准

特种门的质量和各项性能应符合设计要求。特种门的品种、类型、规格、尺寸、开启方向、安装位置及防腐处理应符合设计要求。带有机械装置、自动装置或智能化装置的特种门，其机械装置、自动装置或智能化装置的功能应符合设计要求和有关标准的规定。特种门的安装必须牢固。预埋件的数量、位置、埋设方式、与框的连接方式必须符合设计要求。特种门的配件应齐全，位置应正确，安装应牢固，功能应满足使用要求和特种门的各项性能要求。

防火门安装要求门框与门扇配合部位内侧宽度尺寸偏差不大于2mm，高度尺寸偏差不大于2mm，两对角线长度之差小于2mm。门扇关闭后，其配合间隙须小于3mm，门扇与门框表面要平整，无明显凹凸现象，焊点牢固，门体表面喷漆无喷花、斑点等。门扇启闭自如，无阻滞、反弹等现象。

特种门的表面装饰应符合设计要求。特种门的表面应洁净，无划痕、碰伤。推拉自动门安装的留缝限值、允许偏差和检验方法应符合表2－8的规定。

表2－8　　推拉自动门安装的留缝限值、允许偏差和检验方法

项次	项目		留缝限值（mm）	允许偏差（mm）	检验方法
1	门槽口宽度、高度	≤1500mm	—	1.5	用钢尺检查
		>1500mm	—	2	
2	门槽口对角线长度差	≤2000mm	—	2	用钢尺检查
		>2000mm	—	2.5	
3	门框的正、侧面垂直度		—	1	用1m垂直检测尺检查
4	门构件装配间隙		—	0.3	用塞尺检查
5	门梁导轨水平度		—	1	用1m水平尺和塞尺检查
6	下导轨水平度		—	1.5	用钢尺检查
7	门扇与侧框间留缝		1.2～1.8	—	用塞尺检查
8	门扇对口缝		1.2～1.8	—	用塞尺检查

推拉自动门的感应时间限值和检验方法应符合表2－9的规定。

表2－9　　推拉自动门的感应时间限值和检验方法

项次	项目	感应时间限值（s）	检验方法
1	开门响应时间	≤0.5	用秒表检查
2	堵门保护延时	16～20	用秒表检查
3	门扇全开启后保持时间	13～17	用秒表检查

旋转门安装的允许偏差和检验方法应符合表 2－10 的规定。

表 2－10　　旋转门安装的允许偏差和检验方法

项　次	项　　目	允许偏差（mm）		检验方法
		金属框架玻璃旋转门	木质旋转门	
1	门扇正、侧面垂直度	1.5	1.5	用 1m 垂直检测尺检查
2	门扇对角线长度差	1.5	1.5	用钢尺检查
3	相邻扇高度差	1	1	用钢尺检查
4	扇与圆弧边留缝	1.5	2	用塞尺检查
5	扇与上顶间留缝	2	2.5	用塞尺检查

2.3.5 门窗玻璃安装

门窗框、扇安装固定结束后，应进行门窗玻璃的安装。门窗玻璃安装首先要进行玻璃切割，之后安装固定玻璃，并保护已经安装好的门窗玻璃。

1. 玻璃切割

对门窗玻璃进行切割时应严格按照设计要求进行，并穿戴好防护手套等防护用具，对于厚玻璃的安装尺寸，应从安装位置的底部、中部和顶部进行测量，选择最小尺寸为玻璃板宽度的切割尺寸。如果在上、中、下测得的尺寸一致，其玻璃宽度的裁割应比实测尺寸小 3～5mm。玻璃板裁割后，应将其四周做倒角处理，倒角宽度为 1～2mm，若在现场自行倒角，应手握细砂轮缓慢细磨操作，防止崩边崩角。

全玻门裁割玻璃时，其高度尺寸应考虑上下横档几何尺寸，玻璃的高度应小于测量尺寸的 5mm 左右。

在寒冷地区或出入频繁的全玻门扇宜选用厚度等于或大于12mm的钢化玻璃，由施工现场提供门扇尺寸给加工厂，加工厂根据尺寸裁割玻璃、四周机械磨边倒角后，根据设计要求，打好拉手、锁孔洞，再放入钢化炉进行钢化处理。

2. 玻璃安装固定

玻璃的安装方法随门窗分类的不同而不同。对于木门窗、金属门窗、塑料门窗等，其安装方式有所差别。

（1）木门窗玻璃的安装固定应按以下工序进行：

① 安装玻璃前应检查框内尺寸，将裁口内的污垢清除干净。

② 安装长边大于1.5m或短边大于1m的玻璃，应采用橡胶垫并用压条和螺钉固定。

③ 安装木框、扇玻璃，可用钉子固定，钉距不得大于300mm，且每边不少于两个；用木压条固定时，应先刷底油后安装，并不得将玻璃压得过紧。

④ 安装玻璃隔墙时，玻璃在上框面应留有适量缝隙，防止木框变形，损坏玻璃。

⑤ 使用密封膏时，接缝处的表面应清洁、干燥。

（2）安装金属门窗和塑料门窗时，其工序则按下述过程进行：

① 安装玻璃前，应清出槽口内的杂物。

② 使用密封膏前，接缝处的表面应清洁、干燥。

③ 玻璃不得与玻璃槽直接接触，并应在玻璃四边垫上不同厚度的垫块，边框上的垫块应用胶粘剂固定。

④ 镀膜玻璃应安装在玻璃的最外层，单面镀膜玻璃应朝向室内。

3. 质量标准

（1）玻璃的品种、规格、尺寸、色彩、图案和涂膜朝向应符合设计要求。单块玻璃大于1.5m^{2}时应使用安全玻璃。

（2）门窗玻璃裁割尺寸应符合设计要求。安装后的玻璃应牢固，不得有裂纹、损伤和松动。

（3）玻璃的安装方法应符合设计要求。固定玻璃的钉子或钢丝卡的数量、规格应保证玻璃安装牢固。

（4）镶钉木压条接触玻璃处，应与裁口边缘平齐。木压条应互相紧密连接，并与裁口边缘紧贴，割角应整齐。

（5）密封条与玻璃、玻璃槽口的接触应紧密、平整。密封胶与玻璃、玻璃槽口的边缘应粘结牢固，接缝平齐。

（6）带密封条的玻璃压条，其密封条必须与玻璃全部贴紧，压条与型材之间应无明显缝隙，压条接缝应不大于0.5mm。

（7）玻璃表面应洁净，不得有腻子、密封胶、涂料等污渍。中空玻璃内外表面均应洁净，玻璃中空层内不得有灰尘和水蒸汽。

（8）门窗玻璃不应直接接触型材。单面镀膜层及磨砂玻璃的磨砂面应朝向室内。中空玻璃的单面镀膜玻璃应在最外层，镀膜层应朝向室内。

（9）腻子应填抹饱满、粘结牢固，腻子边缘与裁口应平齐。固定玻璃的卡子不应在腻子表面显露。

2.3.6 防雷接地安装

建筑门窗防雷设计应符合《建筑物防雷设计规范》（GB50057－2010）的规定。一类防雷建筑物其高度在30m及以上的外门窗、二类防雷建筑物其建筑高度在45m及以上的外门窗、三类防雷建筑物其建筑高度在60m及以上的外门窗应采取防侧击雷和等电位保护措施，并与建筑物防雷系统可靠连接。

1. 连接材料的规格、质量

门窗的防雷系统应与建筑物防雷系统可靠连接，使之形成一个完整的建筑物防雷接地系统。同时，为了保障防雷接地系统的可靠和安全，对于防雷接地连接材料有一定的要求和适用范围，见表2－11。

表2－11　　防雷接地连接材料及适用条件

材　料	使用于大气中	使用于地中	使用于混凝土中	耐腐蚀情况		
				在下列环境中能耐腐蚀	在下列环境中增加腐蚀	与下列材料接触形成直流电耦合，可能受到严重腐蚀
铜	单根导体，绞线	单根导体，有镀层的绞线，铜管	单根导体，有镀层的绞线	在许多环境中良好	硫化物有机材料	—
热镀锌钢	单根导体，绞线	单根导体，钢管	单根导体，绞线	敷设于大气、混凝土和无腐蚀性的一般土壤中受到的腐蚀是可接受的	高氯化物含量	铜
电镀铜钢	单根导体	单根导体	单根导体	在许多环境中良好	硫化物	—
不锈钢	单根导体，绞线	单根导体，绞线	单根导体，绞线	在许多环境中良好	高氯化物含量	—
铝	单根导体，绞线	不适合	不适合	在含有低浓度硫和氯化物的大气中良好	碱性溶液	铜
铅	有镀铅层的单根导体	禁止	不适合	在含有高浓度硫酸化合物的大气中良好	—	铜不锈钢

同时，针对不同部位的防雷装置，其防雷装置各连接部件的材料及其截面也有所区别，见表2－12。

表 2－12　　防雷装置各连接部件的最小截面

等电位连接部件			材　料	截面（mm^2）
等电位连接带（铜、外表面镀铜的钢或热镀锌钢）			Cu（铜）、Fe（铁）	50
从等电位连接带至接地装置或各等电位连接带之间的连接导体			Cu（铜）	16
			Al（铝）	25
			Fe（铁）	50
从屋内金属装置至等电位连接带的连接导体			Cu（铜）	6
			Al（铝）	10
			Fe（铁）	16
连接电涌保护器的导体	电气系统	Ⅰ级试验的电涌保护器	Cu（铜）	6
		Ⅱ级试验的电涌保护器		2.5
		Ⅲ级试验的电涌保护器		1.5
	电子系统	D1 类电涌保护器		1.2
		其他类的电涌保护器（连接导体的截面可小于 1.2mm^2）		根据具体情况确定

最终需要将防雷装置与接地装置连接，连接时采用的引下线等材料按照表 2－13 的要求进行施工。

表 2－13　接闪线（带）、接闪杆和引下线的材料、结构与最小截面

材　料	结　　构	最小截面（mm^2）	备　　注⑩
铜，镀锡铜①	单根扁铜	50	厚度 2mm
	单根圆铜⑦	50	直径 8mm
	铜绞线	50	每股线直径 1.7mm
	单根圆铜③④	176	直径 15mm
铝	单根扁铝	70	厚度 3mm
	单根圆铝	50	直径 8mm
	铝绞线	50	每股线直径 1.7mm

续表

材料	结　　构	最小截面（mm^2）	备　　注⑩
铝合金	单根扁形导体	50	厚度 2.5mm
	单根圆形导体③	50	直径 8mm
	绞线	50	每股线直径 1.7mm
	单根圆形导体	176	直径 15mm
	外表面镀铜的单根圆形导体	50	直径 8mm，径向镀铜厚度至少 70μm，铜纯度 99.9%
热浸镀锌钢②	单根扁钢	50	厚度 2.5mm
	单根圆钢⑨	50	直径 8mm
	绞线	50	每股线直径 1.7mm
	单根圆钢③④	176	直径 15mm
不锈钢⑤	单根扁钢⑥	50⑧	厚度 2mm
	单根圆钢⑥	50⑧	直径 8mm
	绞线	70	每股线直径 1.7mm
	单根圆钢③④	176	直径 15mm
外表面镀铜的钢	单根圆钢（直径 8mm）	50	镀铜厚度至少 70μm，铜纯度 99.9%
	单根扁钢（厚 2.5mm）		

说明：

① 热浸或电镀锡的锡层最小厚度为 1μm。

② 镀锌层宜光滑连贯、无焊剂斑点，镀锌层圆钢至少 22.7g/m^2，扁钢至少 32.4g/m^2。

③ 仅应用于接闪杆。当应用于机械应力没达到临界值之处，可采用直径 10mm、最长 1m 的接闪杆，并增加固定。

④ 仅应用于入地之处。

⑤ 不锈钢中，铬的含量等于或大于 16%，镍的含量等于或大于 8%，碳的含量等于或小于 0.08%。

⑥ 对埋于混凝土中以及与可燃材料直接接触的不锈钢，其最小尺寸宜增大至直径 10mm 的 78mm^2（单根圆钢）和最小厚度 3mm 的 75mm^2（单根扁钢）。

⑦ 在机械强度没有重要要求之处，50mm^2（直径 8mm）可减为 28mm^2（直径 6mm）。并应减

小固定支架间的间距。

⑧ 当温升和机械受力是重点考虑之处，50mm^{2}加大至75mm^2。

⑨ 避免在单位能量10MJ/Ω下熔化的最小截面是铜为16mm^2，铝为25mm^2，钢为50mm^2，不锈钢为50mm^2。

⑩ 截面积允许误差为－3%。

2. 接地连接

门窗防雷接地连接采用以下工艺流程：基础接地极焊接→引下线、均压环焊接→屋面避雷带焊接→等电位联结→金属外窗等电位联结接地施工→接地测试井施工→接地电阻测试各种接地系统共用接地网，设计要求接地电阻不大于1欧姆。

接地装置利用桩基、承台及地梁内钢筋网可靠焊接连通形成基础接地网，防雷引下线利用柱或剪力墙中2根φ16以上的钢筋，上部与屋面避雷带焊接，下部与接地装置焊接，在屋面女儿墙上设置明装避雷带，建筑混凝土构架内钢筋网与避雷带可靠连通构成一个接闪器，所有突出屋面的金属构件或管道均应与屋面避雷带焊接连通，卫生间内做局部等电位联结。利用建筑构造柱内2根大于φ16的钢筋作引下线，按图纸会审记录，作为引下线的钢筋土建在施工过程中不得缩筋，以保证引下线钢筋φ大于16mm，引下线在桩基或独立柱基内焊接短路环。

建筑物外围四周的门窗需接地，接地采用φ10的圆钢。在均压环层的门窗直接从均压环钢筋焊接φ10钢筋引出。非均压环层则从就近的防雷引下线钢筋焊接φ10钢筋引出。接地线与均压环和引下线的搭接长度应大于10cm，焊接采用双面焊，无夹渣、气孔，焊缝要饱满。接地线另一端焊接一颗φ6的螺丝。与窗户接地连接采用6m^{2}的双色地线。大于2m的窗户需要两处接地。

在工作实践中摸索出一套行之有效的施工技术方法。首先，在各个独立门窗框架拼装成整体门窗的榫接处，用弯压成L型的薄钢板由自攻螺丝做跨接，以保证拼装成整体门窗后各个框架之间电气连通，根据防雷与接地安装图集的要求，塑钢窗可参考金属门窗接地图集进行施工。

2.4 成品保护

门窗安装单位负责未移交给建设单位前的全过程的成品保管、保护。总承包单位负责承包区域的保安工作，负责总承包管理，有责任管理自身员工，有义务协助铝合金安装单位的成品保护。

2.4.1 门窗搬运的保护

（1）装运门窗的运输工具应具有防雨措施并保持清洁，装卸及运输时应轻拿轻放，严禁摔、扔、撞击。

（2）运输时，应竖直排放并可靠固定，门窗与门窗之间应用无腐蚀作用的软质材料隔开，特别应注意避免五金配件凸出部位与门窗的其他部位接触，以免损坏。

（3）运输工具应清洁无污染。装卸门窗时，应轻拿慢放，不得撬、甩、摔。吊运点应选择窗框外沿，表面应用软质材料隔开，不得在框扇内插入抬杠起吊。

（4）门窗进入施工现场后应在室内竖直摆放，成品和材料严禁直接接触地面，底部用枕木垫起高于地面100mm以上，严禁与酸、碱性材料一起存放，并防止雨水侵入，室内应整洁、干燥、通风。

2.4.2 门窗安装过程中的保护

（1）门窗框用的保护胶纸应完好，注意框边应留出10mm不

封贴，以利于密封胶密封或水泥砂浆的嵌固，再进行门窗框与墙体之间缝隙的填嵌和洞口墙体表面的装饰施工。在工程移交前，不得拆除门窗表面的保护材料，过程中如有损坏，铝合金安装单位必须及时给予完善，是其他单位人员损坏的，由其他单位支付费用。

（2）进行焊接作业时应采取有效措施，防止电焊火花损坏周围的断热铝合金门窗型材、玻璃、附件等材料。

2.4.3 门窗安装完成后的保护

（1）禁止人员踩踏门窗，不得在门窗框架上安放脚手架、悬挂物品，经常出入进行施工作业的门窗洞口，应由总承包商（合同另有约定的除外）采用木板等材料将门窗框保护好，防止门窗变形损坏。

（2）门窗移交建设单位前，门窗安装单位必须对门窗进行清洁，保护胶纸要妥善剥离，注意不得划伤、刮花门窗表面，不得使用对门窗框、玻璃、配件有腐蚀性的清洁剂。

2.5 质量记录

在门窗施工及安装过程中，对每个过程均应有详细的记录，这样方可以保障门窗在安装完成后不会出现因材料材质、性能不合格导致的质量问题。

2.5.1 门窗、材料的合格证、检测试验报告

在门窗进场时需提供门窗、各类原材料（如型材、密封材料、

五金件、玻璃（含中空玻璃）等）的产品合格证书和有效期内的型式检验报告、进场验收记录；外窗气密性、水密性、抗风压性能、保温性能、中空玻璃露点、玻璃遮阳系数和可见光透射比等项目现场见证抽样的检测报告和合同规定项目的检测报告；户门性能型式检验报告和保温性能等抽检报告；特种门窗应提供生产许可证书、鉴定证书。安全玻璃应有3C认证证书。在安装施工过程中，应严格检查各门窗、材料的证件报告是否齐全，若出现缺失或与设计要求不符的情况应及时上报，以便保障工程质量安全。

2.5.2 门窗、材料质量记录

对于进场的门窗、材料应进行现场抽检。抽检数量和方式按照下列要求进行：

（1）建筑外窗。

①气密性、水密性、抗风压性能：同一厂家的同一品种、类型、规格的木门窗、金属门窗、塑料门窗及门窗玻璃每100樘应划分为一个检验批，不足100樘也应划分为一个检验批。每个检验批抽查5%，且不少于3樘，不足3樘全数检查。

高层建筑的外窗，每个检验批抽查10%，并不少于6樘，不足6樘全数检查。

同一品种、类型和规格的特殊门每50樘应划分为一个检验批，不足50樘也应划分为一个检验批。特殊门每个检验批应至少抽查50%，并不少于10樘，不足10樘时应全数检查。

单位工程建筑面积5 000m^2为一个检验批，抽1组（3樘）；面积>5 000m^2时，外窗抽取2组。

②保温性能：按照《建筑节能工程施工质量验收规范》（GB50411－2007）的要求，门窗检验批的划分、取样方法和检验数量同气密性能检验要求。按照《住宅建筑门窗应用技术规范》（DBJ01－79－2004）的要求，单位工程面积5 000m^2为一个检验

批。随机抽取同一生产厂家具有代表性的 1 组外窗试件，试件数量为同系列、同规格、同分格形式的 3 樘外窗；面积 >5 000m^{2}时，抽取 2 组建筑外窗试件，每组 3 樘外窗。

（2）户门。主要检验安全性能。单位工程面积 5 000m^{2}为一个检验批，抽 1 樘；面积 >5 000m^2 时，抽 2 樘。

（3）门窗玻璃。同一厂家、同一品种、同一类型为一个检验批，每个检验批不少于 3 块。

检验完成后应形成完整的质量检验记录，对于质量未能达到设计要求的要及时上报处理，以便工程的顺利和安全进行。

2.5.3 施工安装质量记录

在门窗施工过程中，应做好隐蔽工程验收记录，而且施工方要做好施工安装自检记录。

（1）隐蔽工程由施工队在自检的基础上填写项目单，由质检员监理报请建设单位，工程监理会同业主根据技术图纸、文件及规范共同验收，详细签署验收意见。

（2）施工安装工程质量实行自检、互检、交检制度。

操作人员必须在每天下班以前，对自己每天完成的工作，认真进行质量复核，发现不符合质量要求的立即进行返修，达到质量标准后，再操作下一步工序，然后报班组检查。

分项工程完成后，班长和班组兼职质量员按分项工程质量检验评定表内容，实测检验评定，凡有不符合质量要求的应立即进行返修，达到质量标准后，由有关人员签名认可，报质检员核定。

工程队质检员应经常组织班组互相检查，质量问题较大的，应推倒重来，对于质量问题而造成的损失，按材料管理制度、工程质量奖罚条例进行严肃处理。

3 验收阶段

3.1 木质门窗的验收标准

木门窗制作与安装工程质量验收标准如表3-1所示。

表3-1 木门窗制作与安装工程质量验收标准

项目	项次	质量要求	检验方法
主控项目	1	木门窗的木材品种、材质等级、规格、尺寸、框扇的形式及人造木板的甲醛含量应符合设计要求，所用木材的质量应符合规定要求	观察；检查材料进场验收记录和复验报告
	2	木门窗应采用烘干的木材进行制作，含水率应符合《建筑木门、木窗》（JG/T122-2000）的规定	检查材料进场验收记录
	3	木门窗的防火、防腐、防虫处理应符合设计要求	观察；检查材料进场验收记录
	4	木门窗的结合处和安装配件处不得有木节或已填补的木节；木门窗如有允许限值以内的死节及直径	观察检查

续表

项目	项次	质量要求	检验方法
主控项目	4	较大的虫眼时，应用同一材质的木塞加胶填补；对于清漆制品，木塞的木纹和色泽应与制品一致	观察检查
	5	木窗框和厚度大于50mm的门窗扇用双榫连接；榫槽应采用胶料严密嵌合并应用胶榫加紧	观察；手扳检查
	6	胶合板门、纤维板门和模压门不得脱胶；胶合板不得刨透表层单板，不得有戗槎；制作胶合板门、纤维板门时，边框和横楞应在同一平面上，面层、边框及横楞应加压胶结，横楞和上下冒头应各钻两个以上的透气孔，透气孔应通畅	观察检查
	7	木门窗的品种、类型、规格、开启方向、安装位置及连接方式应符合设计要求	观察；尺量检查；检查成品门的生产合格证
	8	木门窗的安装必须牢固；预埋木砖的防腐处理、木门窗框固定点的数量、位置及固定方法应符合设计要求	观察；手扳检查；检查隐蔽工程验收记录和施工记录
	9	木门窗必须安装固定并应开关灵活，关闭严密、无倒翘	观察；开启和关闭检查；手扳检查
	10	木门窗配件的型号、规格、数量应符合设计要求，安装应牢固，位置应准确，功能应满足使用要求	观察；开启和关闭检查；手扳检查
一般项目	11	木门窗表面应洁净，不得有刨痕、锤印	观察检查
	12	木门窗的割角、拼缝应严密平整；门窗框、扇裁口应顺直，刨面应平整	观察检查
	13	木门窗上的槽、孔应边缘整齐，无毛刺	观察检查
	14	木门窗与墙体间缝隙的填嵌材料应符合设计要求，填嵌应饱满；寒冷地区外门窗或门窗框与砌体间的空隙填充保温材料	轻敲门窗框检查；检查隐蔽工程验收记录和施工记录
	15	木门窗披水、盖口条、压缝条、密封条的安装应顺直，与门窗结合应牢固、严密	观察；手扳检查

说明：本表根据《建筑装饰装修工程质量验收规范》（GB50210－2013）的相关规定编制。

3.2 铝合金门窗的验收标准

金属门窗安装工程质量验收标准如表3－2所示。

表3－2　金属门窗安装工程质量验收标准

项目	项次	质量要求	检验方法
主控项目	1	金属门窗的品种、类型、规格、尺寸、性能、开启方向、安装位置、连接方式及铝合金门窗的型材壁厚，均应符合设计要求；金属门窗的防腐处理及填嵌、密封处理应符合设计要求	观察；尺量检查；检查产品合格证书、性能检测报告、进场验收记录和复检报告；检查隐蔽工程验收记录
	2	金属门窗框和副框的安装必须牢固；预埋件的数量、位置、埋设方式、与框的连接方式必须符合设计要求	手扳检查；检查隐蔽工程验收记录
	3	金属门窗扇必须安装牢固并应开关灵活，关闭严密，无倒翘；推拉门窗必须有防止脱落措施	观察；开启和关闭检查；手扳检查
	4	金属门窗配件的型号、规格、数量应符合设计要求，安装应牢固，位置应正确，功能应满足使用要求	观察；开启和关闭检查；手扳检查
一般项目	5	金属门窗表面应清洁、平整、光滑，色泽一致，无锈蚀；大面应无划痕、碰伤；漆膜或保护层应连续	观察检查
	6	铝合金门窗的推拉门窗扇开关力应小于或等于100N	用弹簧秤检查
	7	金属门窗框与墙体之间的缝隙应填嵌饱满，并采用密封胶进行密封；密封胶表面应光滑、顺直，无裂纹	观察；轻敲门窗框检查；检查隐蔽工程验收记录

续表

项目	项次	质量要求	检验方法
一般项目	8	金属门窗扇的橡胶密封条或毛毡密封条应安装完好，不得有脱槽现象	观察；开启和关闭检查
	9	有排水孔的金属门窗，其排水孔应畅通，位置和数量应符合设计要求	观察检查

说明：

（1）本表根据《建筑装饰装修工程质量验收规范》（GB50210－2013）的相关规定编制。

（2）本表中金属门窗工程质量验收标准同时适用于铝合金门窗、普通钢门窗、涂色镀锌钢板门窗等金属门窗安装工程的质量验收。

3.3 塑料门窗的验收标准

塑料门窗安装工程质量验收标准如表3－3所示。

表3－3　　塑料门窗安装工程质量验收标准

项目	项次	质量要求	检验方法
主控项目	1	塑料门窗的品种、类型、规格、尺寸、开启方向、安装位置、连接方式及填嵌密封处理应符合设计要求，内衬增强型钢的壁厚及设置应符合国家现行产品标准的质量要求	观察；尺量检查；检查产品合格证书、性能检测报告、进场验收记录和复检报告；检查隐蔽工程验收记录
	2	塑料门窗框、副框和扇的安装必须牢固；固定片或膨胀螺栓的数量与位置应正确，连接方式应符合设计要求；固定点应距窗角、中横框、中竖框150～200mm，固定点间距应不大于600mm	观察；手扳检查；检查隐蔽工程验收记录

续表

项目	项次	质量要求	检验方法
主控项目	3	塑料门窗拼樘料内衬增强钢的规格、壁厚必须符合设计要求，型钢应与型材内腔紧密吻合，其两端必须与洞口固定牢固；窗框必须与拼樘料连接紧密，固定点间距应不大于600mm	观察；手扳检查；尺量检查；检查进场验收记录
	4	塑料门窗扇配件的型号、规格、数量应符合设计要求，安装应牢固，位置应正确，功能应满足使用要求	观察；手扳检查；开启和关闭检查
	5	塑料门扇配件的型号、规格、数量应符合设计要求，安装应牢固，位置应正确，功能应满足使用要求	观察；手扳检查；尺量检查
	6	塑料门窗框与墙体间缝隙应采用闭孔弹性材料填嵌饱满，表面应采用密封胶密封；密封胶应粘接牢固，表面应光滑、顺直，无裂缝	观察；检查隐蔽工程验收记录
一般项目	7	塑料门窗表面应洁净、平整、光滑，大面应无划痕、碰伤	观察检查
	8	塑料门窗扇的密封条不得脱槽；旋转窗间隙应基本均匀	观察；开启和关闭检查
	9	塑料门窗扇的开关力应符合下列规定：平开门窗扇平铰链的开关力应不大于80N；滑撑铰链的开关力应不大于80N，并不小于30N；推拉门窗扇的开关力应不大于100N	观察；用弹簧秤检查
	10	玻璃密封条与玻璃及玻璃槽口的接缝平整，不得卷边、脱槽	观察检查
	11	排水孔应畅通，位置和数量应符合设计要求	观察检查

说明：本表根据《建筑装饰装修工程质量验收规范》（GB 50210－2013）的相关规定编制。

3.4

其他方面的验收标准

（1）特种门安装工程质量验收标准如表3－4所示。

表3－4　　　　特种门安装工程质量验收标准

项目	项次	质量要求	检验方法
主控项目	1	特种门的质量和各项性能应符合设计要求	检查生产许可证、产品合格证书和性能检测报告
	2	特种门的品种、类型、规格、尺寸、开启方向、安装位置及防腐处理应符合设计要求	观察；尺量检查；检查进场验收记录和隐蔽工程验收记录
	3	带有机械装置、自动装置或智能化装置的特种门，其机械装置、自动装置或智能化装置的功能应符合设计要求和有关标准的规定	启动机械装置、自动装置或智能化装置，观察检查
	4	特种门的安装必须牢固；预埋件的数量、位置、埋设方式、与框的连接方式必须符合设计要求	观察；手扳检查；检查产品合格证书、性能检测报告和进场验收记录
	5	特种门的配件应齐全，位置应正确，安装应牢固，功能应满足特种门的各项性能要求	观察；手扳检查；检查产品合格证书、性能检测报告和进场验收记录
一般项目	6	特种门的表面装饰应符合设计要求	观察检查
	7	特种门的表面应洁净，无划痕、碰伤	观察检查

说明：

（1）本表根据《建筑装饰装修工程质量验收规范》（GB 50210－2013）的相关规定编制。

（2）特种门种类繁多，功能各异，而且其品种、功能还在不断增加，国家标准《建筑装饰装修工程质量验收规范》（GB50210－2013）从安装质量验收角度就其共性进行了原则规定；未列明的其他特种门也可参照本规定验收。

（2）门窗玻璃安装工程质量验收标准如表3－5所示。

表3－5　　门窗玻璃安装工程质量验收标准

项目	项次	质量要求	检验方法
主控项目	1	玻璃的品种、规格、尺寸、色彩、图案和涂膜朝向应符合设计要求；单块玻璃大于1.5m^2时应使用安全玻璃	观察；检查产品合格证书、性能检测报告和进场验收记录
	2	门窗玻璃裁割尺寸应正确；安装后的玻璃应牢固，不得有裂纹、损伤和松动	观察；轻敲检查
	3	玻璃的安装方法应符合设计要求；固定玻璃的钉子或钢丝卡的数量、规格应保证玻璃安装牢固	观察；检查施工记录
	4	镶钉木压条接触玻璃处，应与裁口边缘平齐；木压条应互相紧密连接，并与裁口边缘紧贴，割角应整齐	观察检查
	5	密封条与玻璃、玻璃槽口的接触应紧密、平整；密封胶与玻璃、玻璃槽口的边缘应粘接牢固，接缝平齐	观察检查
	6	带密封条的玻璃压条，其密封条必须与玻璃全部贴紧，压条与型材之间应无明显缝隙，压条接缝应不大于0.5mm	观察检查
一般项目	7	玻璃表面应洁净，不得有腻子、密封胶、涂料等污渍；中空玻璃内外表面均应洁净，玻璃中空层内不得有灰尘和水蒸气	观察检查
	8	门窗玻璃不应直接接触型材；单面镀膜玻璃的镀膜层及磨砂玻璃的磨砂面应朝向室内；中空玻璃的单面镀膜玻璃应在最外层，镀膜层应朝向室内	观察检查
	9	腻子应填抹饱满，粘接牢固；腻子边缘与裁口应平齐；固定玻璃的卡子不应在腻子表面显露	观察检查

说明：本表根据《建筑装饰装修工程质量验收规范》（GB 50210－2013）的相关规定编制。

4 维修保养阶段

4.1 木质门窗的维修

4.1.1 木门窗框变形的维修

如果是在立框前发现门窗变形，对弓形翘曲、边框弯曲且变形较小的木材，可通过烘烤使其平直；对变形较大的门窗框，应退回原生产单位重新制作。如果是在立框后发现门窗框变形，则根据实际情况进行维修。

(1) 由于用材不当（木材含水率高、木材断面尺寸太小、选用易变形木材等）造成门窗框变形的，应拆除重新制作安装。重新制作时，要将木材干燥到规范规定的含水率，即原木或方木结构应不大于25%；对要求变形小的门窗框，应选用红白松及杉木等制作；注意木材的变形规律，要把易变形的阴面部分木材挑出不用；选用断面尺寸达到要求的木材。

（2）如果制作时门窗的质量低劣造成门窗框变形的，当变形较小时，可拆下通过榫眼加木楔并安装 L 形、T 形铁角等方法进行校正。当变形较大时，应拆除重新制作，注意打眼要方正，两侧要平整；开榫要平整，榫肩方正。

（3）如果是安装不当、受墙体压力等原因造成门窗框变形，应拆下重新安装。重新安装时，要消除墙体压力，防止再次受压；在立框前，应在靠墙一侧涂上底子油，立框后及时涂刷涂料，防止其干缩变形。

（4）如果是成品重叠堆放、使用不当等原因造成门窗框变形，这种变形一般较小，在立框前变形，对于弓形翘曲、边框弯曲，可通过烘烤使其平直；立框后，可通过弯面锯口加楔子的方法，使其平直。

4.1.2 门窗扇倾斜、下坠的维修

（1）对于较高、较宽的门窗扇，应当适当加大其断面尺寸，以防止木材干缩或使用时用力扭曲等，使门窗扇产生倾斜和变形。

（2）在门窗使用的过程中，不要在门窗扇上悬挂重物，对脱落的涂料要及时进行涂刷，以防止门窗扇受力或含水量变化。

（3）如果选用的五金规格偏小，可更换适当的五金。如果合页规格过小，可更换较大的合页。如果安装位置不准确，可以重新安装。如果合页上木螺丝松动，可将木螺丝取下，在原来的木螺丝眼中塞入小木楔，重新按要求将木螺丝拧上。

（4）如果门窗扇稍有下坠现象，可以把下边的合页稍微垫起一些，以此法进行纠正，但不要影响门窗的垂直度。

（5）当门窗扇下坠比较严重时，应当将门窗扇取下，校正合格后，在门窗扇的四角加上铁三角以防止再出现下坠。

（6）对下坠的门扇，可将甩边用木板适当翘起，在安装合页的扇梃冒头上部加楔，在甩边冒头榫头下部加楔。

（7）对下坠的窗扇，用木板将窗扇甩边适当翘起，在有合页的扇边里侧，窗棂下部加木楔，窗棂的另一端会把甩边抬起。

（8）对下垂严重的门窗扇，应当卸下门窗扇，待门窗恢复平直后再加楔挤紧。

（9）对于榫头松动下坠的门窗扇，可以先把门窗扇拆开，将榫头和眼内壁上的污泥清除干净后，然后重新拼装，调整翘曲、串角，堵塞漏胶的缝隙后，将门窗扇横放，往榫眼的缝隙中灌满胶液进行固定。

如果眼的缝隙较大，可在胶液内掺入5%～10%的木粉，这样既可以减小胶的流动性，又可以减小胶液的收缩变形，一边灌好后，钉上木盖条，然后再灌另一边，胶液固化后再将木盖条取下。由于榫和眼黏结成为一个整体，就不易松动下垂。

4.1.3 门窗扇翘曲的维修

当门窗扇翘曲不严重时，可采用以下方法修理：

（1）烘烤法。将门窗扇卸下，用水湿润弯曲部位，然后用火烘烤，使一端顶住不动，在另一端向下压，中间垫一个木块，观察门窗扇翘曲程度，改变垫木和烘烤的位置，反复进行，一直到完全矫正为止。

（2）阳光照射法。在变形的门窗扇的凹部洒上水，使之湿润，凸面朝上，放在太阳下直接照晒。四面的木材纤维吸收水分后膨胀。凸面的木材纤维受到阳光照晒后，水分蒸发收缩，使木材得到调直，恢复门窗扇的平整状态。

（3）重力压平法。选择一块比较平整的场地，在门窗扇弯曲的四面洒水加以湿润，使翘曲的凸面部位朝上，并压以适量的重物（石头或砖块）。在重力作用下，凸出的部分被压下去，变形的门窗扇会逐渐恢复平直状态。

（4）翘曲在3mm以内的，可以将门窗扇装合页一边的一端向外拉出一些，使另一边与框保持平齐。

（5）把框上与扇先靠在一起部位的梗铲掉，使门窗扇和框靠实。

（6）借助门锁和插销将门窗的翘曲校正过来。

4.1.4 门窗走扇的维修

（1）如门窗倾斜较小时，可调整下部（或上部）的合页位置，使上下合页的轴线在一条垂直线上。

（2）如门窗倾斜较大时，先将固定门框的钉子取出或锯断，然后将门框上下走头处的砌体凿开，重新对门框进行垂直校正，经检查无误后，再用钉子重新固定在两侧砌墙的木砖上，然后用高强度水泥砂浆将走头部分的砌体修补好。

4.1.5 门窗扇关闭不拢的维修

（1）缝隙不均匀造成的关不拢。当门扇的侧边与门框蹭口，窗扇在侧边或底边与窗框蹭口时，可将门扇和窗扇进行细刨修正。

（2）门窗扇坡口太小造成的关不拢。如果出现因门窗扇坡口太小造成的关不拢，可把蹭口的扇边坡口再刨大一些就可以，一般坡口大约为2°~3°比较适宜。

（3）门窗扇翘曲、走扇造成的关不拢。如果出现门窗扇翘曲、走扇而造成的门窗扇关不拢，可参照翘曲、走扇的修理方法进行修理。

4.1.6 门框、窗框扇腐朽和虫蛀的维修

（1）在紧靠墙面和接触地面的门窗框脚等易潮湿部位和使用易受白蚁、家天牛等虫蛀的木材时，宜进行适当的防腐防虫处理。

（2）在设计和施工时，对门窗出现的老化、脱落的涂料要及时涂刷，一般以 3 ~5 年为涂刷周期。

（3）当门窗产生腐朽、虫蛀时，可锯去腐朽、虫蛀部分。用小榫头对半接法换上新材，加固钉钉牢。新材的靠墙面处必须涂刷防腐剂，搭接长度不小于 20mm。

（4）门窗梃端部出现腐朽，一般应予以换新，如冒头榫头断裂、但不腐朽，则可采用安装铁片曲尺加固，开槽时应稍低于表面 1mm。

（5）如果门窗冒头腐朽，可以局部进行接修。

4.2 钢门窗的维修

4.2.1 普通钢门窗的维修

1. 钢门窗扇翘曲变形的维修

（1）将门窗扇轻轻关闭，查看留缝宽度是否符合规定要求。如果不符合要求，则轻扳框的上部，直到达到要求的留缝宽度时用楔子挤紧。

（2）当玻璃芯子层次不齐时，可在芯子末端用硬质木块以手锤轻轻敲击，当其达到平整一致为止。

（3）当钢门窗扇的外框发生弯曲时，先凿去粉刷的装饰部分，然后在门窗框上垫上硬木块，用手锤轻轻地敲击纠正，但注意不要出现新的损伤。

（4）当钢门窗扇关闭过紧、呆滞时，可将扇轻轻摇动至较松，并在铰链轴心处加适量润滑油，使其关闭无回弹情况。

（5）钢门窗框立挺时，先用楔子将门窗框固定好后，将铁脚孔洞清理干净，浇透水，按上铁脚，然后用高强度水泥砂浆将洞填满、填实，待凝固后再去掉楔子。

（6）严格控制门窗的内框出现脱角变形，应将其顶至正确位置后，重新焊接牢固。

（7）钢门窗在涂刷防锈漆前，应将焊接接头处的焊渣清理干净。当涂刷防锈漆要求较高时，应用专用机具把焊缝处打磨平整，必须涂刷防锈漆两道。

（8）当钢门窗的内框直线段出现弯曲时，可以用衬料（如铁件）通入进行回直。

（9）对大面积钢门窗可加设合适的伸缩缝，将缝填实。

2. 门窗扇开启受阻的修理

（1）如果是门窗扇本身比较粗糙而使开启受阻，可以把原来的门窗扇拆下来，重新安装合格门窗扇。

（2）如果是由于抹灰过厚引起的开启受阻，则先凿掉原来的抹灰，把基地彻底清理干净，然后浇水湿润，再重新铺设砂浆，使其厚度达到能开启门窗扇即可。

3. 钢门窗出现松动的修理

可先将钢门窗四周铁脚孔处适当凿出一定深度和宽度的槽口，然后将钢门窗重新校正到垂直位置。临时固定后，将上框铁脚与预埋件重新补焊牢固，再在四周预留孔凿出的空隙内用水泥砂浆填塞密实。

4. 窗执手开关不灵的修理

窗执手开关不灵的修理非常简单，如果是执手本身质量不合格，重新换上合格的执手即可；如果是因为执手五金零件生锈开关不灵，换上新的五金零件即可。

5. 钢门窗锈蚀和断裂的防治

（1）钢门窗要根据使用的实际环境定期涂刷涂料，平时要进行正常检查和维护，尤其是对脱落的涂料要及时修补。

（2）对于厨房、浴室等易潮湿的地方，设计时要考虑改善通风条件，防止钢门窗经常处于潮湿的环境中。

（3）当外窗框锈蚀比较严重时，应当锯去已经锈蚀的部分，再用相同窗料进行替换，然后焊接牢固。

（4）当钢门窗的内框局部锈蚀比较严重时，也可以更换或焊接相同规格的新料。

（5）钢窗合页卷轴破损时，可按以下步骤进行修理：

① 用喷灯对卷轴处进行烧烤，烤红后拿开喷灯。

② 向烤红后的合页浇水冷却，用锤轻轻击打卷轴处。

③ 用喷灯对卷轴处再进行烧烤，烤红后，用大号鱼嘴钳夹住卷轴向外放。

④ 用喷灯对卷轴处再进行烧烤，烤红后，将专用小平锤（或用一块宽 × 厚 × 长为 20mm × 10mm × 100mm 的钢块和直径为 8mm 的铁棍做一把小平锤，即只需用电将铁焊接在钢块中部的一侧即可）放置在卷轴合页与窗扇相接处，用手锤击打平锤，用力要适当。将卷轴合页调平、浇水冷却，点上几滴油，将窗扇来回开关几次，开关灵活即可。

⑤ 钢窗玻璃油灰脱落时，先将旧油灰清理干净，然后用油灰重新嵌填。

4.2.2 塑料门窗的维修

1. 门窗框、扇变形的修理

门窗框、扇变形的修理应根据实际情况分别对待。变形严重者，可更换新的框、扇；变形不严重者，可通过顶压或调整定位螺丝进行调整。

2. 密封条脱落的修理

对于没有塞紧的密封条，按有关标准重新塞紧；对于已老化的密封条，应将老化密封条取出，更换新的密封条。

3. 门窗框和墙干缩裂缝的修理

将门窗框和墙洞口之间原来的水泥砂浆剔除并彻底清理干净，再用弹性材料或聚氨酯发泡密封胶填塞裂缝进行密封处理。

4. 窗执手开关不灵活的修理

如果窗执手是由于安装精度不够而开关不灵，可以将窗执手卸下重新进行安装；如果是由于执手的滑块生锈而开关不灵，可以在滑块上滴上适量的润滑油；如果是由于执手五金零件生锈开关不灵，应当换上新的五金零件。

4.3 铝合金门窗的维修

4.3.1 铝合金门窗开启不灵的修理

（1）如果铝合金门窗的轨道内有砂砾和杂物等使其开启不灵，应认真清理框内垃圾等杂物，并使其干净清洁。

（2）如果是铝合金门窗扇发生变形而开启不灵，应将已变形的窗扇撤换下来，或者进行修理或者更换新的门窗扇。

（3）如果铝合金门窗扇开启不灵，这是门窗的铰链发生变形，对这种情况应采取修复或更换的方法。

（4）如果铝合金窗扇开启不灵是由于外窗台超高部分造成，应将超高的外窗台凿除，然后再抹上与原窗台相同的装饰材料。

4.3.2 铝合金门窗松动的修理

（1）对于铝合金门窗的复检和螺丝要进行定期检查和维修，松动的要及时拧紧，脱落的要及时更换。

（2）铝合金门窗因腐蚀严重而造成的门窗框松动，应彻底进行更换。

（3）如果是往墙上打射钉造成的松动，可以改变其固定方法。其施工工序如下：先拆除原来的射钉，然后重新用冲击钻在墙上钻孔，放入金属胀管或直径小于8mm的塑料胀管，再拧进螺母或木螺钉。

4.3.3 密封质量不好的修理

（1）如果是因为铝合金门窗上的密封条丢失而密封不良，应及时将丢失的密封条补上。

（2）使用实践证明，有些缝隙的密封橡胶条容易在转角部位脱开，应在转角部位注上胶，使其黏结牢固。

（3）如果是密封施工质量不符合要求，可在原橡胶密封条上或硅酮密封胶上再注一层硅酮密封胶，将有缝隙的部位密封。

4.3.4 铝合金门窗渗水的修理

（1）在横、竖框的相交部位，先将框的表面清理干净，再注上防水密封胶封严。为确保密封质量，防水密封胶多采用硅酮密封胶。

（2）在铝合金门窗封边处和轨道的根部，隔一定距离钻上直径2mm的排水孔，使框内积水通过小孔尽快排向室外。

（3）当外窗台的泛水出现倒坡时，应当重新做泛水，使泛水形成外侧低、内侧高，形成顺水坡，以利于雨水的排除。

（4）如果铝合金窗框四周与结构的间隙处出现渗水，可以先用水泥砂浆将缝隙嵌实，然后再注上一层防水胶。

4.4 塑料门窗的维修

4.4.1 塑料门窗松动的修理

调整固定铁片的间距，使其不大于600mm，在墙内固定点埋设木砖或混凝土块；组合窗拼樘料固定端焊于预埋件上或深入结构内后浇筑混凝土；连接螺钉直接锤入门窗框内者，应改为先钻孔，然后旋进螺钉并和两道内腔肋紧固。

4.4.2 塑料门窗安装后变形的修理

调整固定铁片的位置，重新安装门窗框，并注意填充发泡剂要适量，不要填充过紧而使门窗框受到过大压力，安装后防止将脚手板搁置于框上或悬挂重物等。

4.4.3 组合窗拼樘料处渗水的防治

拼樘料与框之间的间隙先填以密封胶，拼装后接缝处外口也灌以密封胶或调整盖缝条，扣槽损伤处再填充适量的密封胶。

4.4.4 门窗框四周有渗水点的修理

固定门窗的铁件与墙体相连处应当注入密封胶进行密封，缝隙间的水泥砂浆要确保填实，表面做到平整细腻，密封胶嵌缝位置正确、严密，表面用密封胶封堵砂浆裂纹。

4.4.5 门窗扇开启不灵活、关闭不密封的防治

首先检查门窗框与门窗扇的几何尺寸是否协调，再检查其平整度和垂直度是否符合要求；检查五金配件质量和安装位置是否合格。对几何尺寸不匹配和质量不合格者应进行调换，对平整度、垂直度和安装位置不合格者应进行调整。

4.4.6 固定窗或推拉（平开）窗窗扇下槛渗水的修理

对于固定窗或推拉（平开）窗窗扇下槛渗水的修理比较简单，主要采取加大泄水孔并剔除下皮高出部分；更换密封条；清除堵塞物等措施。

4.5

特种门的维修

4.5.1 旋转门的防治修理

（1）当旋转门的窗框与门窗扇出现磕碰、门的转动不灵活时，首先应检查门的对角线及平整度的偏差，不符合要求时应进行调整。

（2）选用的五金配件的型号、规格和性能均应符合国家现行标准和有关规定，并与选用的旋转门相匹配。在安装、使用过程中，如果出现五金配件不符合要求或损坏，应立即进行更换。

（3）做好旋转门的成品保护和平时的使用保养，防止外力的冲击，在门上不得悬挂重物，以免使旋转门变形。

（4）五金配件安装后要注意保养和维修，防止生锈腐蚀。在日常使用中要按规定开关，防止硬性开关，以延长其使用寿命。

4.5.2 防火卷帘门的防治修理

（1）防火卷帘门安装后，如果发现座板厚度不满足设计要求，必须坚决进行更换，才能不因座板刚度不够而挤压变形。

（2）经检查防火卷帘门不能与地面接触时，应首先检查卷帘门的规格是否符合设计要求，地面与卷帘接触是否平整，根据检查的具体情况进行调整或更换。

（3）按有关标准检查和确定防火卷帘门的平行度和垂直度误差，如果误差较小时，可通过调整加以纠正；如果误差较大的，应当根据实际情况进行改造或更换。

（4）如果防火卷帘门因安装人员技术较差、未按设计图纸进行安装等使防火卷帘门的质量不合格，施工企业必须按施工合同条款进行返工和赔偿。

4.5.3 自动门的防治修理

（1）当自动门的框外所填塞的砂浆将门框压至变形时，可以将门框卸下并清除原来的砂浆，将门框调整方正后再重新进行安装。

（2）如果自动门上的密封条松动或脱落，应及时将松动的密封条塞紧；如果密封条老化，应及时更换新的密封条。

（3）对自动门上所用的五金配件要按设计要求进行选择和采购，一定要检查其产品合格证书；对于已损坏的要及时更换，安装五金配件时要以正确的方法操作。

（4）做好自动门的成品保护和平时的使用保养，防止外力的冲击，在门上不得悬挂重物，以免自动门变形。

（5）五金配件安装后要注意保养和维修，防止生锈腐蚀。在日常使用中要按规定开关，防止硬性开关，以免造成损坏。

4.5.4 特种门的养护与维修

（1）定期检查门窗框与墙面抹灰层的接触处是否开裂剥落，嵌缝膏是否完好，如抹灰层破损、嵌缝膏老化，应及时进行维修，以防止框与墙间产生渗水，造成锈蚀、密封保温性能低下。

（2）木门窗要定期油漆，防止腐蚀。尤其是当门窗出现局部脱落时，应当及时补漆。补漆尽量与原油漆保持一致，以免妨碍美观。当门窗油漆达到老化期限时，应全部重新油漆。一般期限为木门窗 5 ~7 年左右油漆一次，钢门窗 8 ~ 10 年左右油漆一次。

在环境恶劣地区或特殊情况下，应缩短油漆期限。

（3）经常检查铝合金、塑钢门窗的密封条是否与玻璃均匀接触、贴紧，接口处有无间隙、脱槽现象，是否老化。如有此类现象，应及时修复或更换。

（4）对铝合金门窗和塑钢门窗应避免外力的破坏、碰撞，禁止带有腐蚀性的化学物质与其接触。

4.6 特种门窗的油漆翻新

木质和钢板特种门窗定期进行油漆翻新是一项非常重要的养护和维修工作，应当按照一定的方法进行。

4.6.1 油漆前的底层处理

1. 金属面的底层处理

（1）化学处理法。

① 配制硫酸溶液。用工业硫酸（15% ~20%）和清水（80% ~85%）混合配成稀硫酸溶液。配制时只能将硫酸倒入水中，不能把水倒入硫酸中，以免引起爆溅。

② 将被涂的金属件在硫酸溶液中浸泡 2h 左右，使其表面氧化层（铁锈）被彻底侵蚀掉。

③ 取出被浸金属件用清水把酸液和锈迹冲洗干净，再用 90℃的热水冲洗或浸泡 3min 后提出（必要时，可在每升水中加 50g 纯碱配成的溶液中浸泡 3 ~ 5min），15min 后即可干燥并立即涂刷底漆。

（2）机械处理法。机械处理法一般用喷砂机的压缩空气和石英砂粒，或用风动刷、除锈枪、电动刷、电动砂轮等把铁锈清除干净，以增强底漆膜的附着力。

（3）手工处理法。手工处理法是先用纱布、铲刀、钢丝刷或砂轮等打磨涂面的氧化层，再用有机溶剂（汽油、松香水等）将浮锈和油污洗净，即可刷涂底漆。

2. 木材面的底层处理

（1）清理底层表面。清理底层表面就是用铲刀和干刷子清除木材表面的砂浆和灰尘，这是木材面涂刷油漆不可缺少的环节，它不仅清除了表面杂物，而且使其表面光滑、平整。一般可根据以下不同情况分别进行：如果木材面上有沥青，先用铲刀刮掉沥青，再刷上少量清漆，以防涂刷油漆变色不干；如果木材面有油污，先用碱水、皂液清洗表面，再用清水洗刷一次，干燥后顺木纹用砂纸打磨光滑即可；如果木材面的结疤处渗出树脂，先用汽油等将油脂洗刮干净，再用木砂纸顺木纹打磨平滑，最后用虫胶漆以点刷的方法在结疤处涂刷，以防止树脂渗出而影响涂漆干燥。

（2）打磨底层表面。木材的底层表面清理完毕后，可用木砂纸进行打磨，使其表面干净、平整。对于门窗框（扇），因为安装时间有前有后，门窗框（扇）的洁净程度不一样，所以还要用砂纸磨去框上的污斑，使木材尽量恢复其原来的色泽。如果木材表面有硬刺、木丝、绒毛等不易打磨时，先用排笔刷上适量的乙醇，点火将其燃烧，使硬刺等烧掉留下的残余变硬，再用木砂纸打磨光滑即可。

4.6.2 旧漆膜的处理

当用铲刀刮不掉旧漆膜且用砂纸打磨时，声音发脆、有清爽感觉时，说明旧漆膜附着力很好，只需用肥皂水或稀碱水溶液洗干净即可。

当旧漆膜局部脱落时，首先用肥皂水或碱水溶液清洗干净原来的旧漆膜，再经过涂刷底漆、刮腻子、打磨、修补等程序，做到与旧漆膜平整一致、颜色相同，然后再上罩光漆。

当旧漆膜的附着力不好，出现大面积脱落现象时，应当全部将旧漆膜清除干净，再重新涂刷油漆。清除旧漆膜主要有碱水清洗法、摩擦法、火喷法和脱漆剂法等几种方法。

1. 碱水清洗法

碱水清洗法是用少量火碱（4%）溶解于温水（90%）中，再加入少量石灰（6%），配成火碱水。火碱水的浓度以能够清洗掉旧漆膜为准。

进行清洗时，先把火碱水刷于旧漆膜上，略干后再刷，刷 3 ~ 4 遍，然后用铲刀把旧漆膜全部刮去或用硬短毛刷蘸水擦洗，再用清水把残余碱水洗净。

2. 摩擦法

摩擦法是用长方形块状浮石或粗号油磨石蘸水打磨旧漆膜，直至将旧漆膜全部磨去为止。此法多用于清除天然漆的旧漆膜。

3. 火喷法

火喷法是用喷灯火焰烧旧漆膜，将旧漆膜烧化发热后，立即用铲刀刮掉，火喷与刮漆要密切配合，因旧漆膜冷却后不易刮掉，此法多用于金属涂件如钢门窗等。

4. 脱漆剂法

脱漆剂法即用脱漆剂清除旧漆膜。采用这种方法清除旧漆膜时，只需将脱漆剂刷在旧漆膜上，约半个小时后，旧漆膜就会出现膨胀起皱，再把旧漆膜刮去，用汽油清洗污物即可。脱漆剂不能和其他溶剂混合使用，脱漆剂使用时味浓易燃，应注意通风防火。

4.6.3 重新进行刷漆

按照涂饰工程施工工艺和涂料施工工艺中的要求进行施工。

5 质量问题与安全生产

5.1 门窗常见质量问题及防治措施

5.1.1 木门窗的质量问题及防治措施

尽管木门窗在建筑工程中不是主要构件，其质量优劣不直接影响结构性能，但其质量将直接影响建筑物的使用功能，而且也是用户投诉比较多的项目之一，因此，我们必须重视木门窗的制作技术。

1. 门窗变形

立框前，门框的边梃、上槛、中贯档发生弯曲或者扭曲、反翘，门框立面不在同一个平面内。立框后，与门框接触的抹灰层挤裂或挤脱落，或者边梃与抹灰层离开。变形轻者门扇开关不灵活；变形重者，门扇关不上或关不平，关上后拉不开，无法使用。

防治措施如下：

（1）正确选材。对要求变形小的门框，应选用红白松及杉木等材质制作。遇到偏心原木，要将年轮疏密部分分别锯裁。变形大的阴面部分，应挑出不用。斜纹控制在12%以内。

（2）掌握木材的变形规律。按变形规律合理下锯，多出径切板。对于较长的门框边梃，选用锯裁料中靠心材部位。

（3）当门框边梃、上槛料较宽时，在靠墙面开5mm深、10mm宽的槽沟，以减少呈瓦形的反翘。

（4）对于缺少中贯档、下槛牵制的门框，其边梃的翘曲应将凸面向外，靠墙顶住，使其无法再变形；对于有中贯档、下槛牵制的门框边梃，其翘曲方向应与成品同在一个平面内，以便牵制其变形。

（5）门框重叠堆放时，应使底面支承点在一个平面内，以免产生翘曲变形，并在表面加盖防雨布，防止雨水淋湿和太阳曝晒而再次膨胀或干缩。

（6）立框前应涂上底子油，立框后注意防潮，防止胀缩。

（7）门框在立框前变形，对弓形反翘、边弯的木材可通过烘烤使其平直；立框后，可通过弯面锯口加楔子的方法使其平直。反翘严重的木材应进行更换。

2. 门窗扭曲

门窗扇不在同一个平面内；或安装后关不平，插销插不进销孔。

防治措施如下：

（1）掌握木材的变形规律，合理下锯，多出径向板。遇到偏心原木，要将年轮疏密部分分别锯裁，使一块料上年轮疏密尽量相近。配料时，尽量把易变形的阴面部分材料挑出不用，或作短料。

（2）较高、较宽的门窗扇，设计时应适当加大断面，以防止木材稍有干缩就发生翘曲变形。

（3）提高门窗扇的制作质量。如打眼要方正，两侧要平整；开榫要平整，榫肩方正；机器拼装时，先拼出 3 扇检查变形情况，调整合适后，再成批拼装，并在拼装过程中加强检查。手工拼装时，要拼一扇检查一扇。掌握其歪扭情况，在加楔子时适当纠正。

（4）门窗扇拼装成形后不要露天堆放。现场临时露天堆放要苫盖严密。重叠堆放时，应使底面支承点在一个平面内，以免造成受力不匀，产生翘曲变形。

（5）安装门窗扇前，表面应先涂上底子油；安装后，应及时涂刷油漆。

（6）安装前对门窗扇进行检查，翘曲小于 3mm 的，可在安装时处理。首先，调整合页在框立梃上的横向位置，使扇上锁或插销的一边与框平齐；对扇与框过紧部分进行修刨；还可用门销或插销对翘曲门扇进行校正。翘曲过大的门窗扇应返修合格后再行安装。

3. 门窗扇窜角

门窗扇的两相应对角线长度不相等。窜角的门、窗扇安装后，上冒头和下冒头的宽度均不相等。

防治措施如下：

（1）打眼要方正。用打眼机打眼时，台面要与钻头垂直，夹紧木料，使木料底面紧贴台面，以免偏斜；并先试打，检查合格后，再成批加工。

（2）榫头肩膀要方正。加工前，调整好机器，要使开样机靠板与轨道垂直。

（3）拼装时，榫插入眼，先校正后再打入打紧，严格控制窜角不超过规定值。

（4）搬运过程中严禁掉碰。

（5）轻微窜角，可在冒头上加楔校正。

4. 门窗刨痕

木材经机械加工后表面留下明显波纹，看上去一楞一楞的，手摸不光滑。

防治措施如下：增加刀轴转速，加大刀头半径或减低进给速度，都能减小刨痕，提高木材表面的光洁度。但转速太高不利于安全生产，加大刀轴直径也有限度。因此，只能降低进给速度，不开快车。对用磨光机无法磨去的明显刨痕，可用手工刨光。

5.1.2 铝合金门窗的质量问题及防治措施

铝合金门窗是房屋围护结构的重要组成部分，与人们的生活密切相关。铝合金门窗要求开启方便，关闭紧密，坚固耐用，便于清洁擦洗和维修。门窗的制作和安装都应该严格按照施工规范和设计要求进行。在施工过程中，监理人员要加强对铝合金门窗工程的管理，确保其安全性、耐久性和适应性。

1. 渗水

外墙渗水会严重影响建筑物的使用功能，尤其当使用推拉窗时，其推拉构造本身就决定了这类窗较难防渗，因下框由轨道构成，加上内外的封边板，造成断面凹凸不平而较易出现积水。若导轨与窗框间的接缝密封不好，或框与窗洞留有缝隙，雨水便会通过这些缝隙渗入室内。若关窗不严密或导轨内的挡水板较低，则雨水会随风吹入室内。固定窗渗水主要是因滴水线失效和框墙缝隙不密实而造成的。滴水线做得差而出现反坡，使雨水流入框边，当铝合金门窗上横框与窗洞口缝隙较大而密封不严时，便会顺着缝隙渗入室内。此外，固定玻璃的压条设计不合理、缝隙多、施工时注胶不仔细等，也容易造成雨水的渗漏。

防治措施如下：

（1）堵住周边特别是下框的所有渗水渠道。对最易出现渗水的横竖框相交部分，应先将窗框表面清理干净，再注上防水密封胶，即使是外露的螺丝头也不应漏注。密封胶应使用中性硅酮胶，禁止使用玻璃胶或其他酸性胶。

（2）外窗下框宜有泄水结构，如无泄水结构时应做如下处理：推拉窗，导轨在靠两边框处铣 8mm 宽的泄水口；平开窗，在靠框中梃位置，每个扇洞铣一个 8mm 宽的泄水口。

（3）泛水坡度不够好，出现反坡，或窗框与饰面交接处勾缝不密实，都会造成渗水。因此，门窗框与墙体的缝隙应采用防水砂浆或聚合物水泥砂浆嵌填饱满，必要时也可采用注浆工艺，不得使用混合砂浆嵌缝，周边留宽 5mm、深 8mm 的槽口，注上中性硅酮胶。

2. 开启不灵活

影响推拉窗滑动的主要因素是轨道变形，此外，轨道内的建筑垃圾，如水泥砂浆、灰碴等也势必影响轮子行进。平开窗开启不灵活主要是窗铰变形引起，如窗铰松动、滑槽变形、滑块脱落等，其次外窗台超高也有影响。

防治措施如下：

（1）铝合金门窗的制作精度要求很高。作为其制作的重要质量指标，铝合金门窗工程质量允许偏差应符合《建筑装饰装修工程质量验收规范》（GB50210 - 2013）的要求。

（2）应按照规范的规定在安装过程中及时清理门窗表面的水泥、砂浆等杂物。

（3）安装所用的螺丝应为不锈钢螺丝或铜螺丝。镀锌螺丝因锌表面易被破坏，所以大多数用后不久便被腐蚀。铝合金门窗选用的连接件及固定件除为不锈钢外，还应经防腐或防锈处理。

3. 型材受损

型材受损主要表现在两个方面：一是氧化膜受损；二是窗框或

扇料变形，如型材表面沾有砂浆并凝固后才做清除时，其氧化膜的表面很容易受到损伤，其次在施工中使用某些安装工具时也易划伤型材而弄破氧化膜。至于窗框和扇料，当局部受压，如脚手架或横杆落在窗框上时，很容易出现楞角变形。

防治措施如下：

（1）认真按操作工艺进行施工，安装门窗必须采用预留洞口的方法，严禁采用边安装边砌口或先安装后砌口。铝合金门窗框安装前，应撕去水泥、砂浆接触处的包装纸并涂刷聚氨酯清漆等保护剂。

（2）加强对成品的保护工作。型材表面的保护是一道必不可少的工作，特别是铝合金门窗框，因其一般较早安装而更易受损。应按照规范的规定在安装过程中及时清理门窗表面的水泥、砂浆等杂物，以保护其表面质量。但目前大部分工程对这项工作仍不够重视，如未在框扇表面贴保护膜、胶纸破损时未能及时补上等。

4. 密封质量差

尼龙毛条或橡胶压条丢失、漏装、长度不足；玻璃两侧的橡胶压条选型不当，与间隙大小不吻合，或过窄引致松动甚至松脱，或过宽而无法压入；使用的橡胶压条材质差，有的甚至使用不到一年就出现严重龟裂，因而失去弹性而影响密封性能；中性硅酮胶注胶不严密，没能起到密闭防水的作用；固定窗玻璃两侧没按规定在四边安装铝合金压条，有的只加一边，有的底边漏装，更没注意到要用螺丝固定后再注中性硅酮胶，致使其密封防水性能较差。

5.1.3 塑料门窗的质量问题及防治措施

1. 门窗的松动

门窗的松动多因为安装于不同的墙体窗体周边锚板联接不够牢固，墙体周边的预埋件不牢或预埋件不准确。

防治措施如下：要避免这种情况的发生，可以先在门窗外框上按规定位置用全丝自攻钉将镀锌联接件紧固。在墙体门窗口处用电锤打孔，装入尼龙胀管，门窗安装校正后，用螺丝将镀锌连接件固定在胀管内。门窗安装在单砖墙或轻质墙上时，应在砌墙时在墙体的周边准确位置砌入锚板，使门窗的镀锌连接件与锚板能紧固连接。

2. 窗周框间隙未填软质材料

窗周框间隙未填软质材料多因施工方不了解塑料门窗的性能，在门窗周边填上了硬质材料或腐蚀性的材料而造成的。

防治措施如下：保证门窗与墙体的弹性连接，应在其间隙中填嵌泡沫塑料或矿棉、岩棉等软质材料，切不可填入含有沥青的软质材料，避免 PVC 被腐蚀。

3. 窗框安装后变形

窗框安装后变形的主要原因是安装连接的螺钉过松或过紧，框架周边间隙填嵌材料过紧或施工不当。

防治措施如下：各紧固螺钉的松紧程度应基本一致：门窗框与洞口间隙填塞软质材料时，不应填塞过松或过紧，以免门窗框受挤变形，同时严禁施工时在门窗框上铺搭脚手板或悬挂其他重物。

4. 窗框周边未嵌密封圈

窗框周边未嵌密封圈多因施工方将软质材料作密封材料使用；或填充过满，无法再填密封材料。

防治措施如下：施工方应因门窗而“制宜”，按门窗的构造施工，填塞软质材料时，门窗框四周内外框边应留有一条凹槽，并用密封胶嵌填严密、均匀，使之与框面齐平。

5. 接螺丝直接锤入门窗框内

门窗型材的特点为薄壁中空多腔，因此较易因受外力锤击过重而导致变形。

防治措施如下：施工时在门窗框与洞口连接位置应用手电钻先钻孔，然后再旋进全丝自攻螺钉，不能简化操作工序，严禁用锤直接打入螺钉。

6. 表面玷污

表面玷污的原因多为施工方未严格按施工程序施工或未注意产品的保护。

防治措施如下：

施工方在安装门窗前应先做内外清洗。清洗窗台板和窗套时，应在门窗框粘贴纸条保护。喷（刷）浆时，应用塑料薄膜遮盖门窗或取下门窗扇，并逐一编号单独保管。

7. 金属配件损坏

金属配件存在的问题主要有两个方面：一是配件质量不好，使用不灵活，导致施工人员硬关硬开造成破坏；二是安装后保管不当，施工不注意造成的破坏。

防治措施如下：施工方应购置合格产品，安装正确，保证开关灵活；在门窗配件安装完后应有专人负责关闭、锁门等，进行管理。

5.1.4 门窗质量通病

门窗质量通病、相应原因分析及防治措施如表 5－1 所示。

表 5－1 **门窗质量通病**

序号	通病现象	原因分析	防治措施
1	门、窗开启不灵活	合页、风撑（铰链）不配套，扇框加工尺寸偏差大	挑选配套的五金
2	掉　角	垫块位置不对	垫块的位置应合理，只在玻璃左下方和右侧上方各垫一块，以防止因倾斜力矩导致掉角
		门窗框组角松动	半成品进场时，一定要严格验收，不合格的产品严禁在工程中使用
3	组角拼缝过大、有错台	框料加工及组框过程中质量把关不严	交底到位，缝隙控制在 0.3mm 之内
4	关闭时密封不严密	锁点位置不当，胶条不配套	根据设计要求安装锁点
5	漏　水	密封不严	与墙体交接处用建筑密封膏密封
		无泄水孔	窗安装完成后，应做淋水试验，以确保其密封性能
		组角处开裂	组角应用组角钢片，并在组角缝处抹胶
		连通内外腔的自攻钉未粘胶，工艺孔未堵	螺钉应粘胶固定
6	五金损坏（执手、合页等）	质量不合格，使用不当	材料进场及使用时应对其保证资料和实物进行严格验收，交工后应对业主明确交待使用方法
7	开启扇脱落	上旋窗挂钩处无限位措施	与设计协调，增加限位装置
		风撑（铰链）位置不当	执行首样制作，评审通过后，方可大面积施工
		因型材壁薄，导致合页、风撑拉出	在型材内加背衬

续表

序号	通病现象	原因分析	防治措施
7	开启扇脱落	技术交底不详细，工人质量意识低；安装过程中图省力；风撑电钻打孔时，钻孔太大，螺丝无法拧紧	做好针对性的技术交底，施工过程中进行抽检
8	直接用连接片结构或直接用自攻钉与钢附框相固定时，间距超过300mm	交底不清，检查不到位	钢附框与结构固定时依据设计值，加强检查
9	钢附框与铝框之间间隙过大	交底不细，加工钢附框变形	间隙不能超过2mm
10	铰链、风撑损坏	固定位置不对称，本身质量问题	按照总工办文件《关于提高幕墙开启扇安全性的几点措施》的要求施工

5.2

安全生产措施

（1）搬运玻璃应戴手套，或用布、纸垫住，将玻璃与手及身体裸露部分隔开。

（2）裁划玻璃应在规定的场所进行。边角余料要集中堆放，并及时处理。

（3）安装玻璃时所使用的工具应放入袋内，随安随取，同时严禁将铁钉含于口内。

（4）独立悬空作业时必须拴好安全带，不准一手腋下挟住玻璃，一手扶梯攀登上下。

（5）安装窗扇玻璃时，不得在垂直方向的上下两层同时作业，以避免玻璃破碎掉落伤人。

（6）开窗及高层房屋安装玻璃时，施工点的下面及附近严禁行人通过，以防玻璃及工具掉落伤人。

（7）大屏幕玻璃安装应搭设吊架或挑架从上至下逐层安装。

（8）门窗等安装好的玻璃应平整、牢固，不得有松动现象；并在安装完后应随即将风钩挂好或插上插销，以防风吹窗扇碰碎玻璃掉落伤人。

（9）铺装屋顶采光玻璃，应铺设脚手板或采取其他安全可靠措施。

（10）玻璃安装完后剩下的残余破碎玻璃应及时清扫和集中堆放，并要尽快处理，避免伤人。

跋

《中共中央关于全面深化改革若干重大问题的决定》明确提出，要坚持走中国特色新型城镇化道路，推进以人为核心的城镇化，推动农业转移人口市民化。2014 年，《住房和城乡建设部关于推进建筑业发展和改革的若干意见》提出要促进建筑产业工人队伍建设，建立以关键岗位自有工人为骨干、劳务分包为主要用工来源、劳务派遣为临时用工补充的多元化建筑用工方式。同年住建部发布了新版《建筑业企业资质标准》，明确要求施工总承包企业和专业承包企业要拥有一定数量的技术骨干工人，鼓励施工总承包企业拥有独资或控股的施工劳务企业。

正是在上述背景下，我们开始了建筑技术工人（动漫）系列教材的编写工作。

2015 年 6 月 27 日，本套教材编写委员会在哈尔滨市召开会议，会议就教材编写背景、指导思想、目标、原则、任务、大纲体例、讲义内容和动漫制作要求等进行了深入讨论，达成了系列共识。

背景

按照党的十八大会议精神，职业资格认定政府职能转移势在必行，行业协会必须做好超前准备，迎接新形势的到来。职业资格从范围上分为专业技术人员类和技能人员类，这两类人员均对应全国职业分类大典职业划分标准；从性质上分为：准入类和水平评价类。准入类是行政许可，应当是行政机关履行的职能；而水平评价类则有可能转移到协会，即职业资格认定职能转移既包括专业技术人员，同时也涵盖技术工人。

指导思想

充分运用建筑信息模型（BIM）技术，培养一支素质高作风硬的建筑产业大军，为我国经济发展和社会进步做出应有贡献。

目标及原则

1. 目标。编制该套教材的目的是为承担政府职业资格认定职能转移做准备、打基础；同时也为建筑施工企业资质就位服务。

2. 原则。统一性原则：教材内容和难易程度不分地域，不分行业，标准是唯一的；先进性原则：该套教材不仅有传统纸质教材，还配套拍摄制作了动漫视频（课程），直观、动感地展现所学知识，易学易懂；实践性原则：建筑施工人员不仅要参加动漫教材的学习，同时还需参加工厂或者施工现场实际操作的考核；可操作性原则：面对量大面广的建筑施工人员，不要求其掌握高深的理论，只强调和突出实际操作能力的训练。

任务

主要任务有三项：编制一套建筑技术工人（动漫）

系列教材大纲，依据大纲编写一套教材，依据教材编写动漫脚本，作为制作动漫课程的依据。同时建议有关方面在全国建立一批建筑施工人员实际操作基地。

大纲要求

1. 定位。本套教材以建筑施工人员中级工技能为基础。

2. 内容。主要包括：材料、工具、设备、标准、工法、操作程序、操作规程和技术要点、政策法规、事故案例等。

3. 体例。大纲编写体例为纵向分解为准备阶段、施工阶段、检查验收阶段、维修保养阶段四章，每章分为章、节、目、条。教材以条为对象进行展开细化，主要施工环节、技术要点、工法和标准规范要求应囊括其中，条主要应描述符合法律法规、技术标准和操作规程的施工流程、工序搭接和施工结果，条也是动漫脚本的编写依据。

根据全国职业分类大典（草案）、建筑业企业资质标准和职业培训合格证书管理办法（建办人〔2015〕43号）中有关工种划分标准，确定编写 25 个工种动漫教材。

2015 年 8 月 22 日，建筑技术工人（动漫）系列教材第二次主编会议在四川省都江堰市召开，会议检查了各工种大纲和教材的编写进度、主要问题，并就下一阶段工作进行了深入讨论。会议要求：

1. 要加快大纲和教材的编制进程，确保大纲和教材具备分别独立出版、发行的条件。大纲和教材应当严格按照哈尔滨会议纪要要求进行修改和完善，确保格式和体例统一。

2. 各工种专业基础知识和建筑识图应尽量简化，可放在各工种教材准备阶段一章中编写。政策法规和标准规范及纯理论知识应尽量弱化。

3. 各工种大纲是教材编写的依据，教材是授课的依据，同时也是动漫脚本编制的基础和依据，所以教材主编或者是授课教师，或者是动漫制作人。

4. 目前本套系列教材为25个工种，其中部分工种又包含了若干小工种，会议决定暂不增加新的工种。如个别希望增加新工种的，原则上可将其揉合在自行负责编制的已有工种之中。

5. 涉及类似架子工、桩机工等可分为多个专业类别的，原则上应将所有专业类别的共性部分编制成一节，各专业类别特殊性部分可单列编写。

6. 动漫制作仅限于施工阶段施工人员操作部分，各主编只负责编写该部分动漫脚本。本套丛书除采用动漫形式外，还可以采取音频视频、录音录像和PPT、2D等多种媒体形式。

2015年11月15日，建筑技术工人（动漫）系列教材第三次主编会议在广西区南宁市召开，会议检查了各工种动漫脚本编制情况，就下一阶段工作进行了讨论。会议决定选择“模板工”和“钢筋工”进行3D动漫制作试点，积极探索，积累经验，为其他工种顺利进行动漫制作提供成熟经验；明确“爆破工”可以增加安全管理和安全技术章节，但范围只限于本工种相关政策规定和技术要求；石作业内容编入“石工”工种书中，“砌筑工”书中剔出石作业内容，石雕划归“古建筑”工种；“机械设备安装工”分为通用设备和专业设备两部分，可参考《建设工程分类标准》中的机电部分内容进行适度调整。

2015年12月11日，建筑技术工人（动漫）系列教材动漫试点主编会议在北京华融大厦召开。会议检查了“钢筋工”、“模板工”、“机械设备安装工”动漫脚本编写情况，要求每个工种原则上增加常见的安全质量事故简介，采用视频的形式表现。建议动漫教材制作完成之后，选4~5家培训单位进行动漫教学试点。

2015年12月28日，建筑技术工人（动漫）系列教材制作试点会和动漫教学试点会议在江西省南昌市召开。会议认为“模板工”动漫脚本基本成熟，可以进行动漫制作试点；“钢筋工”动漫教材经过进一步细化，将6种绑扎方法改为动漫表现；会议要求各工种教材在技术交底部分可适当增加工程标准、规范和工法交底等内容。建议各工种要重视先进施工技术方法的应用，保证以先进施工技术为主，传统施工技术为辅，确保各工种施工技术处于前沿地位。会议讨论修改了《建筑技术工人（动漫）系列教材制作试点工作方案》和《建筑技术工人（动漫）系列教材制作试点工作计划》，宣布动漫制作试点工作正式拉开序幕。会议明确建筑技术工人（动漫）系列教材制作试点完成后，将组织专家对试点教材进行

评估和预验收，待进一步修改完善后交付教学试点。

同时，会议要求拟选定的培训机构应抓紧制订《建筑技术工人（动漫）系列教材教学实施方案》。方案基本内容包括：培训机构基本情况；教学试点目的、意义；教学试点原则；教学试点总体安排；教学试点人员安排和分工；教学试点生源组织和师资培训；工人考试、考核和档案记录；证书发放和管理；教学试点总结和评估；培训机构认为有必要说明的其他内容。会议要求各试点培训机构抓紧制订《建筑技术工人（动漫）系列教材教学实施计划》。

2016 年 2 月 28 日，建筑技术工人（动漫）系列教材“钢筋工”、“模板工”初稿审定会在沈阳召开。会议演示了钢筋工、模板工动漫教材样片，动漫制作公司作了补充说明。会议就“钢筋工”、“模板工”样片进行了初步审查并提出了初审意见。会议明确各工种教材内容应参考《建筑工程施工职业技能标准》进行适当调整，符合中等建筑技术工人应知应会要求，语言简练、用词规范。会议重申各工种动漫视频必须以教材内容为依据，但又不是教材内容的简单翻版，动漫视频一定要突出工人操作技能检验和考核。要求各工种动漫视频总时长原则上不超过30 分钟，确保实施阶段工人操作程序、操作步骤所需时间，弱化或删除与本工种工人操作无关的理论知识、计算公式、表格制图等，突出工人实际操作程序或者过程动作分解，必须清楚表明该工种工人操作的每一个实施步骤，以满足实际操作现场考核要求。

2016年2月29日，建筑技术工人（动漫）系列教材教学试点会在辽宁省沈阳市召开。会议就本系列教材教学试点工作进行了研究。会议认为开展试点工作不仅有利于检验动漫教材的创新性、先进性、实践性和可操作性，而且也有利于补充和修改完善该套动漫教材。要求参加教学试点单位按照统一考试大纲、统一动漫教材、统一师资培训、统一考试试卷和联合发证原则开展教学试点工作。会议明确教学试点单位师资自主选择，择优参加由建筑技术工人（动漫）系列教材编委会组织的统一师资培训。会议建议建筑技术工人采取“考试+考核”的模式，“应知部分”知识以书面试卷检验学习效果，“应会部分”以现场考核作为检验标准。

2016年3月15日，建筑技术工人（动漫）系列教材主编会议在山东省济南市召开。会议就系列教材修订完善等深化工作进行了研究。会议要求各主编根据《建筑工程施工职业技能标准》相关规定对大纲和教材内容进行适当调整、补充和完善。各工种大纲分为五章，即准备阶段、施工阶段、检查验收阶段、维护保养阶段和本工种常见质量安全事故通病。会议敦促各工种按照“建筑技术工人（动漫）系列教材教学试点会议纪要”要求，抓紧考试试卷和考核表的制作。

2016年4月15日，建筑技术工人（动漫）系列教材《钢筋工》和《模板工》终审会及教学试点会在浙江省宁波市召开。会议就钢筋工、模板工动漫教材样片进行了终审并提出了修改意见，并就其教学试点工作进行了部署。会议原则通过模板工及钢筋工动漫教材样片的审定，决定选择中恒建设集团、石家庄建筑业协会进行动漫教学试点。为了确保教学试点工作顺利进行，决定成立两个教学试点工作组，由协会、高校、培训机构、制作公司、施工企业派人组建，第一组由许孟斌牵头，协调石家庄建筑业协会组织教学试点工作；第二组由缪长江牵头，协调中恒建设集团组织教学试点工作。

2016年5月6日，建筑技术工人（动漫）系列教材教学试点启动会议在江西省南昌市召开。会议就建筑技术工人钢筋工、模板工动漫教学试点工作方案和教学工作计划进行了深入讨论。会议检查了动漫教材教学试点工作准备情况，认为钢筋工、模板工考试大纲、教材、动漫视频、试卷和考核表基本满足教学试点要求，可据此正式启动动漫教材教学试点工作。

2016年5月25—27日动漫教材教学试点在石家庄市和南昌市同时启动，石家庄市建筑业协会和中恒建设集团组织一百余名模板工和钢筋工开展了动漫教学试点，通过观看动漫、工人座谈、闭卷考试、现场实际操作考核、总结评价等，完成了动漫教学试点工作。参加教学试点的省市协会领导、专家学者、授课师资、工程技术和管理人员、一线操作工人座谈总结评价，大家一致认为：采取动漫教学方式，生动形象、直观明了、易学易懂，符合建筑一线工人的实际情况，深受一线操作工人的好评，值得在全行业推广应用。

2016年5月28—31日，建筑技术工人（动漫）系列教材审定会在北京召开，会议要求依据《建筑工程施工人员技能等级标准》和历次会议纪要精神，强调各工种教材体例必须统一，教材内容符合中级工定位要求，弱化纯理论、计算公式和图表制作，强化现场实际操作和动手能力的培训，通过纸质教材和动漫教材的结合，为培训一支合格的建筑产业大军贡献力量。

编委会

2019年5月